iPS細《さい》胞《ぼう》を発見！

山《やま》中《なか》伸《しん》弥《や》物語

折れない心で希望をつなぐ！

上坂和美

PHP研究所

ノーベル賞受賞

ノーベル生理学・医学賞受賞の発表を受け、京都大学で会見を開く
山中伸弥《やまなかしんや》・京都大学iPS細胞《さいぼう》研究所所長・教授《きょうじゅ》（2012年10月8日）

アイピエリアン社からの特許譲渡《とっきょじょうと》を受けて
会見を行う山中教授《やまなかきょうじゅ》（二〇一一年二月一日）

カール16世グスタフ国王からノーベル賞を
授与《じゅよ》される山中教授《やまなかきょうじゅ》（二〇一二年十二月十日。ス
トックホルムのコンサートホールにおいて）

ノーベル賞授賞式《じゅしょうしき》の会場で家族とともに

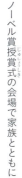

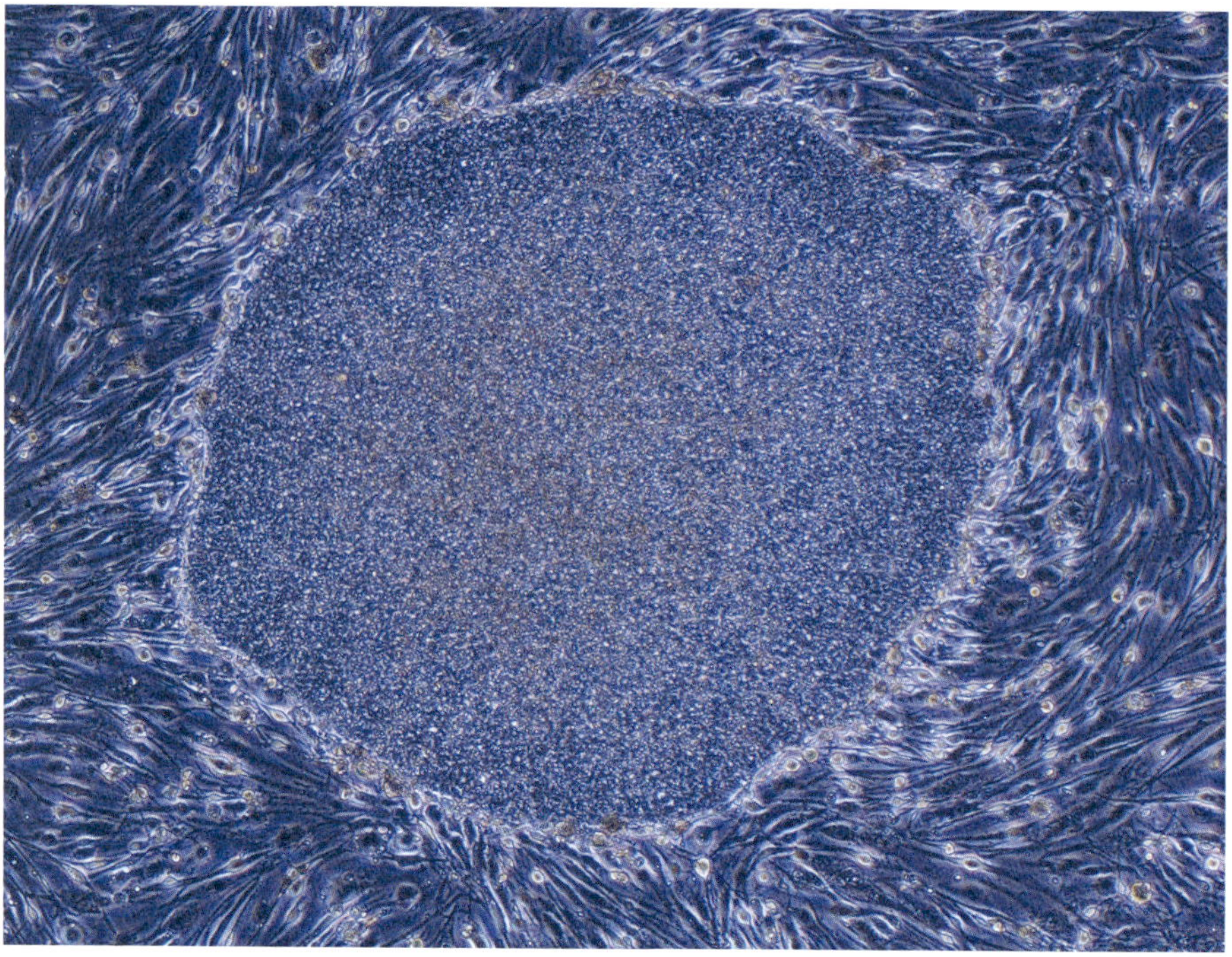

ヒト線維《せんい》芽《が》細胞《さいぼう》から作製《さくせい》したｉＰＳ細胞《さいぼう》のコロニー（塊《かたまり》）

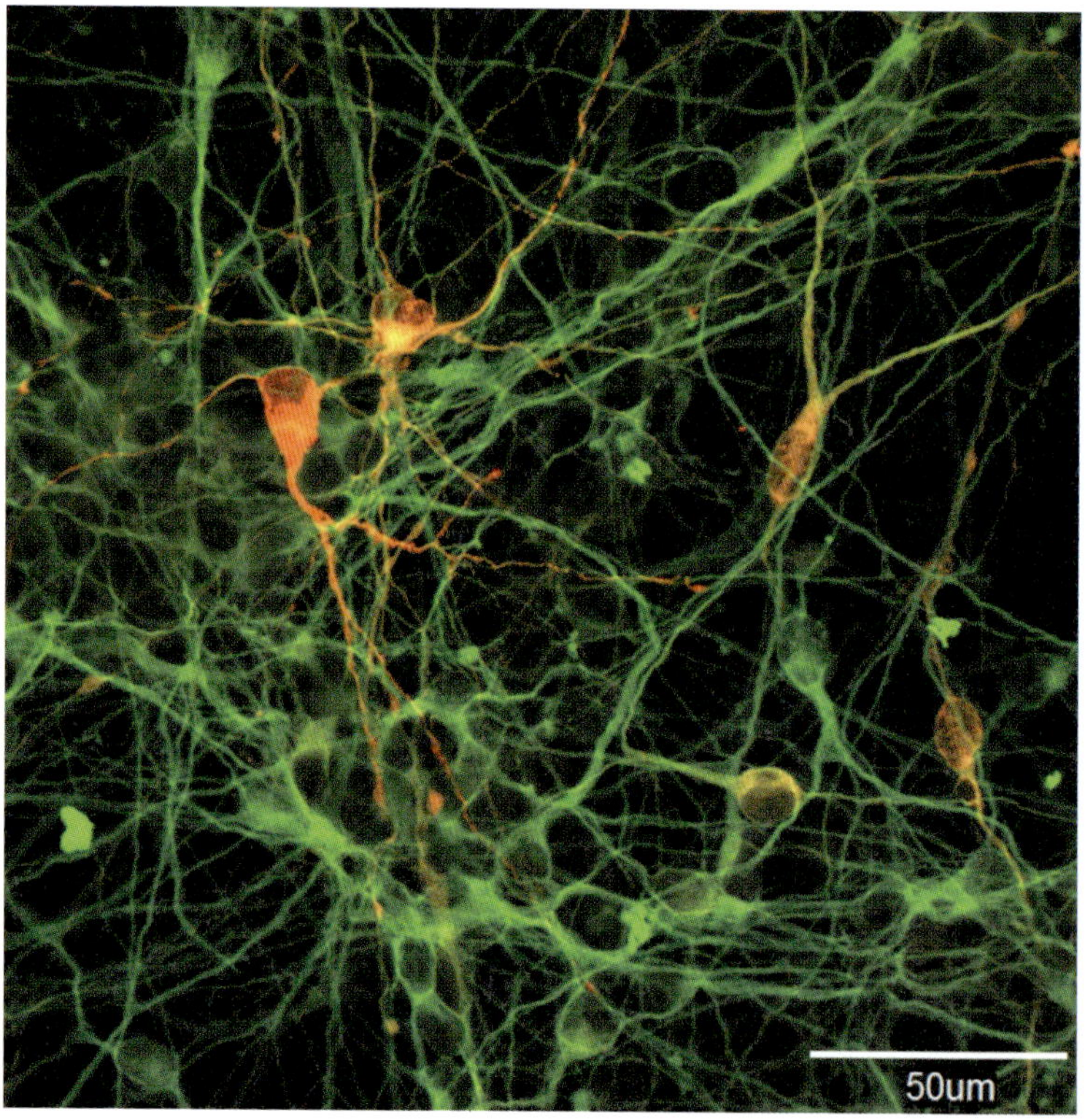

ヒトｉＰＳ細胞《さいぼう》から作製《さくせい》したドーパミンという物質《ぶっしつ》をつくる神経細胞《しんけいさいぼう》。緑色の部分は神経細胞《しんけいさいぼう》全体であり、このうち赤い部分がドーパミンをつくっている（㎛はミリメートルの一〇〇〇分の一）

目次

iPS細胞《さいほう》を発見！ 山中伸弥《やまなかしんや》物語

〈写真提供《ていきょう》〉
京都大学iPS細胞《さいぼう》研究所（P2・3・4・11・33・53・59・101・114・115・145）
奈良《なら》先端《せんたん》科学《かがく》技術《ぎじゅつ》大学院大学（P86）
Scanpix Sweden／TT News Agency／アフロ（P3）

プロローグ

「山中《やまなか》先生、心筋細胞《しんきんさいぼう》になっています」

日本から送られてきた研究員からのメールが目に飛び込《こ》んできました。心筋細胞《しんきんさいぼう》とは、心臓《しんぞう》の筋肉《きんにく》の細胞《さいぼう》です。血液《けつえき》を送り出すポンプの役割《やくわり》をしています。山中伸弥《やまなかしんや》さんはアメリカ・サンフランシスコのグラッドストーン研究所にいました。

「えっ、本当か。はよ、映像《えいぞう》を送れ！」

さっそく日本から送信された映像《えいぞう》を再生《さいせい》します。パソコンの画面を見ると、中央のアメーバのような細胞《さいぼう》が、トックトックと脈を打つように規則《きそく》正しく動いています。

人間の皮膚《ひふ》細胞《さいぼう》からつくられたｉＰＳ細胞《アイピーエスさいぼう》が、心臓《しんぞう》の筋肉細胞《きんにくさいぼう》になった瞬間《しゅんかん》の映像《えいぞう》でした。

「これはすごいことや」

体がかーっと熱くなり、全身に喜びが走りました。伸弥《しんや》さんの心臓《しんぞう》も、画面の細胞《さいぼう》といっしょに脈打っている気がします。しかし、喜びに浸《ひた》っている暇《ひま》はありません。

世界中の生命科学者たちが、ヒトｉＰＳ細胞《さいぼう》をつくろうと、懸命《けんめい》に研究を重ねているからです。

「すぐに論文《ろんぶん》を書かなくては」

（だれが発表しても、生命科学の進歩にとってはうれしいことだといえる。しかし、だれかに先を越《こ》されたら、せっかくの努力が報《むく》われない。多くの研究員たちの苦闘《くとう》の結果なのだから）

帰国後、研究グループはヒトｉＰＳ細胞《さいぼう》について、さらにデータを積み重ね、信頼《しんらい》できる論文《ろんぶん》を発表しようと準備《じゅんび》する日々を送っていました。新しい発見の場合、

アメリカ・グラッドストーン研究所で研究員をしていたころの伸弥《しんや》さん

論文《ろんぶん》に書かれた方法で、ほかの人もヒト・iPS細胞《さいぼう》をつくることができなければ、認《みと》められないからです。

数カ月たちました。仲弥《しんや》さんが月に一度訪《おとず》れるアメリカのグラッドストーン研究所に出向いたときのことでした。

「だれかはわからないけど、ヒト・iPS細胞《さいぼう》に関する論文《ろんぶん》を投稿《とうこう》するみたいだよ」

仲間がそっと耳打ちしてくれたのです。

「えっ！　それは大変や。こちらも論文《ろんぶん》を発表しなくては」

科学の発見は、論文《ろんぶん》の発表で認《みと》められます。新発見は、先に論文《ろんぶん》を発表した人の業績《ぎょうせき》となるのです。

仲弥《しんや》さんは帰国の航空機内で、懸命《けんめい》に英語で論文《ろんぶん》を完成させ、二〇〇七年、アメリカの科学誌《かがくし》「セル」に投稿《とうこう》しました。

こうして十一月二十日、仲弥《しんや》さんのヒト・iPS細胞《さいぼう》開発についての論文《ろんぶん》は「セル」電子版《でんしばん》に掲載《けいさい》されました。同じ日、アメリカ・ウィスコンシン大学のジェイムズ・トムソン教授《きょうじゅ》のヒト・iPS細胞《さいぼう》についての論文《ろんぶん》も科学誌《かがくし》「サイエンス」の電子版《でんしばん》で発表されたのです。

人間の皮膚《ひふ》細胞《さいぼう》などからつくられるヒトiPS細胞《さいぼう》とは、いったいどういうものなのでしょうか。

伸弥《しんや》さんは、なぜ、ヒトiPS細胞《さいぼう》をつくったのでしょうか。

また、どのようにして、人類の未来を変えるかもしれないとされるiPS細胞《さいぼう》をつくることができたのでしょうか。

「だれもが難病《なんびょう》におびえなくてもいい夢《ゆめ》の医療《いりょう》」とは、どういうものなのでしょうか。

研究者として決してエリートの道を歩んだわけではない山中伸弥《やまなかしんや》さん。何度も挫《ざ》折《せつ》を味わいながら、それをどのように乗り越《こ》えたのでしょうか。

第1章　実験大好き

●あわや！　大火事に

「あっ、これは、すごいぞ」

毎月買っている科学雑誌《ざっし》の付録を見て、伸弥《しんや》少年は声をあげました。

四角い箱をあけると、ガラスでできたアルコールランプが入っていました。

「ランプがあれば、燃焼《ねんしょう》実験ができる」

アルコールランプは学校の理科室にはありましたが、使えるのは授業《じゅぎょう》のときだけ。もっともっと試してみたかったのです。家で思う存分《ぞんぶん》使えることがうれしくてたまりません。

さっそく箱から取り出し、ふたを取りました。瀬戸物《せともの》でできた口から、綿《めん》の芯《しん》が顔をのぞかせています。芯《しん》の全体の長さは五センチメートルくらい。燃料《ねんりょう》のアルコールに芯《しん》を浸《ひた》して燃《も》やすのですが、いまは、中身はからっぽです。

こたつの天板の上にランプを置くと、燃料《ねんりょう》用のアルコールを中に注ぎました。

「まずは、水を沸騰《ふっとう》させてみよう」

三脚台《さんきゃく》に金網をのせ、その上に水を入れたガラスのビーカーを置きました。マッチを手前から外側に向けてすって点火します。慎重《しんちょう》に、アルコールランプの芯《しん》に火をつけると、フワッと赤い炎《ほのお》があがりました。

「ついたぞ！」

炎《ほのお》を見ながら、思わず声をあげます。心が浮《う》き立ちます。

すぐにビーカーの内側に、一ミリメートルより小さな粒《つぶ》がたくさんくっついてきます。続いて、小さな粒《つぶ》が水の表面に上がってきました。さらに熱すると、少しずつ粒《つぶ》がふくらんできます。

やがて、その粒《つぶ》も表面に上がります。すると、火があたる場所から、大きな泡《あわ》がぼこぼことひっきりなしに上がってきました。上からのぞきこむと、熱い湯気が顔にあたります。沸騰《ふっとう》したのです。

（不思議だなぁ。この泡《あわ》はいったい何なのだろうか。なぜ、こんなにたくさん出てくるのかな？）

興奮《こうふん》して立ち上がったときです。

「わっ」

手がアルコールランプにあたってしまいました。ガシャンと音がして、ビーカーがひっくり返り、ランプが倒《たお》れました。とたんに、こぼれた燃料《ねんりょう》にボッと火がついたのです。

こたつの上の天板が火に包まれました。

「ギャー、火事や！」

とっさに飛びのいたので、ケガはしませんでした。近くで夕食の準備《じゅんび》をしていた母が「えらいことや！」と、和室の押《お》し入れから布団《ふとん》を引っ張《ぱ》り出しました。

「伸弥《しんや》、向こうをもって！」

二人で、こたつの天板の上にかぶせます。さらに、もう一枚《まい》の布団《ふとん》をのせ、押《お》さ

えつづけます。

母の顔色は真っ青です。布《ぬの》の焦《こ》げる臭《にお》いがしました。しばらくして、ようやく二人は顔をあげ、見合わせました。恐《おそ》る恐《おそ》る、布団《ふとん》をめくると、火は消えていましたが、布団《ふとん》やこたつの天板には、黒い焦《こ》げ跡《あと》がついています。

「危《あぶ》ないやんか。たまたま私《わたし》がいたから消せたけど。火事になったらどうするの。自分だけの問題ではすまへんのよ」

母にしかられてしまいました。

（実験って、気をつけてしないと大変なことになるんや）

この経験《けいけん》から、伸弥《しんや》さんは、実験が危険《きけん》ととなりあわせだということをはじめて知ったのです。

●好奇心《こうきしん》いっぱいの子ども時代

一九六二（昭和三十七）年九月四日、大阪府《おおさかふ》枚岡市《ひらおかし》（現在《げんざい》の東大阪市《ひがしおおさかし》）に男の子が誕《たん》生《じょう》しました。体重約三〇〇〇グラムの赤ちゃんは、伸弥《しんや》と名づけられました。伸弥《しんや》さんには年の離《はな》れた姉が一人いました。姉は、弟がかわいくてたまりません。まるで、お母さんのように、やさしくしてくれました。家族にとって、ひょっこり生まれてきた末っ子は、未来への希望のように輝《かがや》いていました。

伸弥《しんや》少年が育った東大阪市《ひがしおおさかし》は、中小企業《きぎょう》の町です。製造業が六五四六社もあり、工場の密度《みつど》は全国一です（「平成24年経済《けいざい》センサス―活動調査《ちょうさ》」、東大阪市《ひがしおおさかし》のホームページより）。

工場は小さくても、高い技術力《ぎじゅつりょく》が集まり、「歯ブラシからロケット部品まで」作れないものはないといわれています。

伸弥《しんや》少年の家も、祖父《そふ》の代からミシン部品製造《せいぞう》の工場を経営《けいえい》していました。父は部品を回転させながら、刃《は》（バイト）で加工していく機械である旋盤《せんばん》をまわしつづける職人《しょくにん》です。

当時の日本は、高度経済《けいざい》成長期です。ミシンもよく売れ、部品の注文が殺到《さっとう》していました。父は、さらに事業を広げようと仕事にはげんでいます。灰色《はいいろ》のトタン屋根の工場は建てつけが悪く、夏は鉄板が焼けつくように暑く、冬は冷たい風や雪が吹《ふ》き込《こ》んでくるようなところでした。

ガーガー。

モーター音が響《ひび》くなか、父はくる日もくる日も部品加工を続けています。また、自分で新しい部品の設計《せっけい》をして、ヤスリでけずって加工していました。

家は工場のとなりにあったので、伸弥《しんや》少年は、機械や設計図《せっけいず》、部品が置いてある作業場で一人で遊びました。父の後ろ姿《すがた》を見ながら、工場に落ちている針金《はりがね》を、金づちで曲げたり伸《の》ばしたり。小さな部品などでいろいろなものをつくっては、「こんなんできた」とみんなに見せてまわる、好奇心旺盛《こうきしんおうせい》な少年でした。

母も工場の経理《けいり》をしたり、従業員《じゅうぎょういん》といっしょに働いたりしていたのでいそがしく、伸弥《しんや》さんは近くの保育園《ほいくえん》に通いました。保育園《ほいくえん》では、「桃太郎《ももたろう》」の劇《げき》に出て「犬」の役をしたことが印象に残っています。緊張《きんちょう》したけれど、楽しい思い出です。

東大阪《ひがしおおさか》市立枚岡《ひらおか》東小学校に入学したころは、虫を採《と》るより、時計やラジオの分解《ぶんかい》をするのが好きでした。分解《ぶんかい》するのは楽しいのですが、いざ組み立てるとうまくいきません。

「わっ、部品が一個余《こあま》った。困《こま》ったな」

そっとタンスの上にもどした置き時計を見て、母が大きな声で言いました。

「また、針《はり》が止まってる。伸弥《しんや》がさわると、家の時計もラジオも動かなくなるんやから。お父さんに直してもらわないと。もう、やめてね」

しかられましたが、こりずに何度も分解《ぶんかい》します。父は、動かなくなった時計やラジオを黙《だま》って直してくれました。精密《せいみつ》な機械や部品を扱《あつか》うことは、のちにさまざまな器具を使って実験することに役立ちました。

小学三年生のときには、先生から「ひとりごと賞」をもらいました。自分では気づかなかったのですが、思ったことをぶつぶつ声に出し、まわりの人たちに聞こえていたようです。姉がよく勉強して優秀《ゆうしゅう》だったため、伸弥《しんや》少年も自然と勉強の習慣《しゅうかん》がつきました。

日本の経済《けいざい》が成長すると、ミシン部品もどんどん注文がきて、生産が追いつかないほどでした。

伸弥《しんや》少年が小学四年生のとき、両親は、奈良《なら》市の近鉄・学園前駅近くの住宅街《じゅうたくがい》に家を購入《こうにゅう》しました。転校した奈良《なら》市立青和《せいわ》小学校は百楽園という静かな屋敷町《やしきまち》にあります。伸弥《しんや》さんはここで、大学一年生まで落ち着いた環境《かんきょう》で過《す》ごしました。

小学校高学年のころの伸弥《しんや》少年は、算数と理科が好きな科学少年で、算数や理科は、まるでクイズを解《と》くように楽しいものでした。しかし、国語は苦手であまり勉強せず、漢字の書き順などは、大人《おとな》になってからも間違《まちが》うことがあります。

当時の同級生は、伸弥《しんや》少年についてこう言います。

「算数が得意でおとなしく、目立たない少年だった」

伸弥《しんや》少年は、自分で希望して大阪《おおさか》教育大学附属《ふぞく》天王寺中学校に進学し、電車通学をすることになりました。

第2章　父の二つの教え

●身から出たさび

中学校に入学すると、伸弥《しんや》さんは柔道部《じゅうどうぶ》に入りました。それは、父のアドバイスがあったからです。

父は身長一八〇センチメートル、体重が九〇キログラムもある体格《たいかく》のいい人でした。しかし、何年も前から糖尿病《とうにょうびょう》を患《わずら》い、しだいに体重が減《へ》っていました。

そんな父は、すぐ風邪《かぜ》を引く体の弱い伸弥《しんや》さんの健康をいつも気づかっていたのです。

「おまえ、ひょろひょろやな。人間は体力が勝負や。柔道《じゅうどう》をやって、鍛《きた》えろ」

伸弥《しんや》さんは父のことばどおり、柔道《じゅうどう》に打ち込《こ》む毎日を送ることになりました。中高一貫《いっかん》の学校だったので、中学一年生が高校三年生と対戦することもあります。

おかげで強くなれたのですが、ケガもよくしました。畳《たたみ》と畳《たたみ》のあいだに足をはさんで指の骨《ほね》を折ったり、足首を捻挫《ねんざ》したりしたのです。

ある日、教育実習に来ていた柔道《じゅうどう》三段《だん》の大学生に稽古《けいこ》をつけてもらったときのことです。

組み合いになり、投げられたとき、負けるのが悔《くや》しくて、受け身をとらずに意地になって粘《ねば》り、変な手のつき方をしてしまいました。グギッと嫌《いや》な音が聞こえました。

「イテテ」

腕《うで》がみるみる腫《は》れあがり、手がだらんと下がっています。ズキンズキンと刺《さ》すような痛《いた》みが続き、しびれたような感覚もありました。

すぐに学校近くの整形外科病院に行くと、医師《いし》は腕《うで》のレントゲンを撮《と》りました。

「ああ、折れてるね」

撮影《さつえい》したフィルムを見て、先生が落ち着いて言います。

「えー、骨折《こっせつ》か！　どうしよう」

伸弥《しんや》さんは、胸《むね》がドキドキしてきました。当時、しょっちゅうケガをしていたので、学校に救急車がくると「また山中《やまなか》か」と言われるほどでした。

その夜、教育実習の先生から、あやまりの電話がありました。ところが、母はこう答えました。

「いえ、悪いのはうちの息子です。息子がちゃんと受け身をしなかったから骨折《こっせつ》したにちがいありません。気にしないでください」

母はいつも、伸弥《しんや》さんにこう教えていました。

「何か悪いことがあったときは『身から出たさび』、つまり、自分のせい。いいことがあったら『おかげさま』なんよ」

もちろん自分が努力したことで、うまくいくことはあります。しかし、そのように見えていても、実際《じっさい》は、まわりの人の助けがあってはじめて、物事はうまくいくのだというのです。

●「おまえら、人間のクズや」

柔道《じゅうどう》とともに、中学時代も、好きな実験は続けていました。いそがしい生活をしていた伸弥《しんや》さんは、いかに効率《こうりつ》よく勉強するかをいつも考えていたので、自由研究では人間の記憶《きおく》についてとりあげました。

学習した内容《ないよう》を復習《ふくしゅう》する場合、記憶《きおく》を脳《のう》にとどめるためには、何時間後に復習《ふくしゅう》するのがよいのか。また、印象の強さが記憶《きおく》に与《あた》える影響《えいきょう》などの実験です。

伸弥《しんや》さんは、学校では活発な秀才《しゅうさい》として人気者でした。中学三年生のときには、生徒会の副会長を務《つと》め、大勢《おおぜい》の前で話すことが多かったのです。穏《おだ》やかに語りながらも、力強く、しかもやさしさが伝わる伸弥《しんや》さんの語りは人の心を打つものでした。

当時、先生は、生徒たちに「スーパーマンになれ」と言っていました。一つのことだけに熱中するのではなく、興味《きょうみ》のあることなら、何にでも挑戦《ちょうせん》しなさいという意味です。

「まるで、スーパーマンみたいなやつ」

同級生たちには、まさに、そう思えたそうです。なぜなら伸弥《しんや》さんは、部活動や生徒会活動などのため、毎日、遅《おそ》くまで学校に残っているのに、成績《せいせき》はつねにトップクラスだったからです。

「いったい、いつ勉強しているんだろう」

不思議がられていました。

高校時代は、当時、大人気だったフォークグループ「かぐや姫《ひめ》」のコピーバンド、「枯山水《かれさんすい》」のボーカルとギターを担当《たんとう》していました。スラッとしてハンサムだったので、女子にもてました。

妻《つま》となる知佳《ちか》さんとつきあいはじめたのも、このころです。校外学習のバス旅行の際《さい》、集合時間に二人が遅《おく》れたときは、ヒューヒューとひやかされ、

「みんな、すまん、すまん」

と、伸弥《しんや》さんは、あやまりました。スーパーマンではあったのですが、どこか抜《ぬ》けたところもあり、好かれる性格《せいかく》でした。

高校三年生のとき、大阪府《おおさかふ》高校柔道《じゅうどう》選手権の団体戦《だんたいせん》に、伸弥《しんや》さんをふくめてレギ

ュラー五人が出場しました。伸弥《しんや》さんは中学三年生のときに初段《しょだん》を取り、黒帯をつけていました。高校二年生で二段《だん》を取ってレギュラーにも選ばれました。

当日は、準《じゅん》決勝まで進みましたが、強豪校《きょうごうこう》に負けてしまい、レギュラーは全力をつくし、疲《つか》れ果てていました。

翌日《よくじつ》の日曜日は、個人戦《こじんせん》でした。個人戦《こじんせん》には、団体戦《だんたいせん》に出られない同級生や下級生に出てもらいます。ところが、団体戦《だんたいせん》のメンバーはだれも応援《おうえん》に行きませんでした。五人ともフラフラになって家で寝《ね》ていたのです。

月曜日、柔道部《じゅうどうぶ》の顧問《こもん》の先生にしかられました。

「おまえら、人間のクズや。友だちの応援《おうえん》に来ないなんて考えられない。前の日、団体戦《だんたいせん》をがんばったことなんて、どうでもいい。そんなんやるために、おまえらに柔道《じゅうどう》を教えたんちがう。強いだけではあかん。柔道《じゅうどう》は心《しん》・技《ぎ》・体《たい》が大事なんや。人として恥《は》ずかしくないのか」

先生のことばに、深くうなだれました。

●父が難病《なんびょう》に

伸弥《しんや》さんが高校生のころ、不幸なことが起こります。

仕事中、父はヤスリで金属《きんぞく》をけずっていました。

「イタッ！」

足に痛《いた》みが走ったのですが、そのまま一時間かけて家に帰りました。

「今日、作業してたら、足がチクッとしたんや。伸弥《しんや》、見てくれ」

家にいた伸弥《しんや》さんが父の足を見ると、ズボンに小さな穴《あな》があいています。めくると、注射《ちゅうしゃ》をしたあとのように、皮膚《ひふ》が赤くなって出血していました。

「何か、あたったんちがうか。でも大したことないで」

「そうか」

ところが、父は夜中に四〇度の熱を出し、苦しそうにブルブルふるえています。

「えらいことや。救急車呼《よ》ぶわ」

レントゲン写真を撮《と》ると、骨《ほね》の真ん中に小さな金属片《きんぞくへん》が写っていました。整形外科の先生は指さしました。

「ここに入っています」

ヤスリでけずった金属片《きんぞくへん》が飛んで、ズボンと骨《ほね》を貫通《かんつう》し、骨髄《こつずい》まで食い込《こ》んで骨《こつ》髄炎《ずいえん》を起こしていたのです。先生は続けます。

「簡単《かんたん》に取れますよ。三十分かかりません。早く取らないと。ばい菌《きん》が増《ふ》えたらもっとひどくなりますよ。明日、朝一番にしましょう」

父は、小さな金属片《きんぞくへん》を取るため、手術《しゅじゅつ》を受けました。レントゲンには写っていたのですが、いざとなると金属片《きんぞくへん》はなかなか取れません。

手術《しゅじゅつ》は五時間もかかり、大量出血のため、輸血《ゆけつ》をしました。それが原因《げんいん》で、当時は治療法《ちりょうほう》がなかったC型肝炎《かんえん》にかかってしまいました。その後、病気はどんどん悪化し、ついに肝硬変《かんこうへん》になり、体重が四〇キログラム台にまで落ちました。

「あと十年生きられるかな」

心細そうなことばに、伸弥《しんや》さんは歯を食いしばりました。

父に残された時間は少なかったのです。

そのころ、父は自分の代で町工場を閉鎖《へいさ》する決意を固めていました。(正直でまっすぐな性格《せいかく》の息子には、荒波《あらなみ》のなかでもみくちゃにされるような町工場の仕事は無理や)

不況《ふきょう》になると、真っ先に仕事を減《へ》らされます。運転資金《しきん》を集めるのも大変です。こんな苦労はさせられないと考えたのです。父は、病気をきっかけに、伸弥《しんや》さんの将来《しょうらい》について願いをもつようになりました。

「おまえは、理科や数学が得意なんやから、医者になれ」

父にそう言われても、親戚《しんせき》や知り合いに医者はいません。医者とはどういうものか、わかりませんでした。ただ、何度も骨折《こっせつ》していました。そのたびに整形外科にかかっていたので、整形外科医がいちばん身近でした。医師《いし》が冷静に診察《しんさつ》する姿《すがた》が頼《たの》もしく、何度も通ううちに興味《きょうみ》をもつようになりました。

「ようし、スポーツ専門《せんもん》の整形外科医になるで。ケガを治して感謝《かんしゃ》されるいい仕事や。父も喜んでくれる」

伸弥《しんや》さんは医学部に進学することを決めました。病気の父は、伸弥《しんや》さんにとって反抗《はんこう》したり乗り越《こ》えたりするべき人ではなく、願いをかなえ、喜ばせたい人となっていました。

(一刻《いっこく》も早く医者にならなければ)

ただ、難関《なんかん》の医学部に合格《ごうかく》するためには、浪人《ろうにん》も覚悟《かくご》していました。

ところが、高校三年生のとき、父親の工場がうまくいっていないことがわかります。安い既製服《きせいふく》が大量生産され、ミシンを使って自分で服を縫《ぬ》う人は減《へ》っていたからです。

父の病に第2次オイルショックによる不況《ふきょう》が重なり、この経済状態《けいざいじょうたい》では、とても浪人《ろうにん》はできません。高校三年生の秋から猛勉強《もうべんきょう》を始めた伸弥《しんや》さんは、神戸大学医学部に入学することができました。

大学一年生のとき、奈良《なら》の家を処分《しょぶん》し、工場の二階の六畳一間《じょうひとま》に移《うつ》り住むことになります。生活が苦しくなっても、父は伸弥《しんや》さんがスポーツをすることを望んでいました。

(大学に入学したら、ラグビーをしよう)

神戸大学医学部時代にはラグビーに熱中する

仲弥《しんや》さんは、決めていました。当時からラグビーは人気があったのです。ところが二段《だん》をもっていたため、入学後、柔道部《じゅうどうぶ》の人たちから熱心に誘《さそ》われ、柔道部《じゅうどうぶ》に入ることになります。

夏、自由に技《わざ》をかけあう乱取《らんど》りをしていたときのことです。組み合いになったとき、ひざの靭帯《じんたい》を切ってしまったのです。

「もう二度とスポーツはできない」

医師《いし》に言われました。

しかし、リハビリの結果、走れるようになり、ジョギングをする習慣《しゅうかん》もつきました。大学三年生からは、ラグビー部に入り、熱中しました。父にすすめられたスポーツを通じ、仲弥《しんや》さんは体を鍛《きた》えることができたのです。

医学部を卒業して医師免許《いしめんきょ》を取ると、二年間、研修医《けんしゅうい》として修業《しゅぎょう》をすることになります。

（ようし、なんとしても一人前の整形外科医になるぞ）

わくわくしてきました。

第3章　向いていなかった仕事

●怒《おこ》られつづける日々

「なんて立派《りっぱ》できれいな病院なんだろう」

国立大阪《おおさか》病院（現在《げんざい》の国立病院機構《きこう》大阪《おおさか》医療《いりょう》センター）の前に立った伸弥《しんや》さんは、目を見開きました。

外壁《がいへき》の真っ白いタイルが春の陽光を浴び、輝《かがや》いています。病院の前の道には、緑の葉を繁《しげ》らせた並木《なみき》が両手を広げるように空に向かって立ち、その奥《おく》には大阪城《おおさかじょう》が見えます。病院のとなりは、難波宮跡《なにわのみやあと》公園です。奈良《なら》時代に都があった由緒《ゆいしょ》あるところで、都会の真ん中とは思えない、歴史の薫《かお》りがする場所です。

「ここで、二年間、研修医《けんしゅうい》として修業《しゅぎょう》を積むんだ。あこがれの整形外科医だ。骨折《こっせつ》や捻挫《ねんざ》などの患者《かんじゃ》さんの治療《ちりょう》にあたり、健康を回復《かいふく》する手伝いをする」

胸《むね》がはずみました。白く光る四角い建物を見ながらつぶやきました。

（すばらしい病院でトレーニングできるなんて、ラッキーだ）

しかし、研修《けんしゅう》では、この世のものとは思えないほど怖《こわ》い先生が待ち受けていたのです。ガーゼ交換《こうかん》のときです。

「はよ、せぇ。手が遅《おそ》い。そんなんでは患者《かんじゃ》さんがしんどいぞ」

指示《しじ》どおりにしようとするのですが、あせって失敗してしまいます。

「考えるより、とにかく手を動かせ。ほんまに、邪魔《じゃま》ばっかりして。おまえなんか、山中《やまなか》ちごてジャマナカや。おまえは、アシスタント（助手）やなくて、レジスタント（邪魔者《じゃまもの》）や」

しかられるたびに、緊張《きんちょう》して手が動きません。

（鬼《おに》みたいや）

伸弥《しんや》さんは、そんな恐《おそ》ろしい人に会ったのははじめてでした。決められた手順に従《したが》って、手早く正確《せいかく》に動かなくてはなりません。

毎日、毎日、怒《おこ》られてばかりです。

手術《しゅじゅつ》などの重要な仕事はまかせてもらえず、患者《かんじゃ》さんの点滴《てんてき》をすることがおもな仕事になり、ひたすら先生の手術《しゅじゅつ》の見学ばかりしていました。

ある日、手術《しゅじゅつ》をさせてもらうことになりました。患者《かんじゃ》さんが、伸弥《しんや》さんの親友だったので、「おまえ、やれ」というわけです。

ところが、いざ手術《しゅじゅつ》を始めてみると、几帳面《きちょうめん》な性格《せいかく》が災《わざわ》いして、ベテランの先生が二十分でできるアテロームという脂《あぶら》の塊《かたまり》を切り取る手術《しゅじゅつ》に、二時間もかかってしまったのです。親友ということで、よけい緊張《きんちょう》したのかもしれません。

(あかん。なぜか慎重《しんちょう》になりすぎるんや)

機械や実験道具ならスムーズに扱《あつか》えるのに、いざ、生身の人間の手術《しゅじゅつ》となると、とたんに、うまくいかないのです。

さらに、もう一つ苦手なことがありました。

あるとき、同僚《どうりょう》が伸弥《しんや》さんのカルテのかかとの絵を見ました。

「どうしたん。これ?　ククク……」

同僚《どうりょう》は笑いだすのをがまんしています。

（おれは、絵も苦手や）

伸弥《しんや》さんは、どんどん自信をなくし、医局でも目立たないように身を縮《ちぢ》めていました。

（自分は、整形外科医には向いてないのでは。どうしたらいいんや）

疑問《ぎもん》が泡《あわ》のようにわいてきます。

このままでは研修《けんしゅう》が終わっても、勤務《きんむ》できる病院はないかもしれません。

「整形外科のおもな仕事は手術《しゅじゅつ》。臨床医《りんしょうい》として人の役に立てるんやろか」

伸弥《しんや》さんは、神の手といわれるほど手術《しゅじゅつ》のうまい先生方の顔を思い浮《う》かべました。

（ここには、居場所《いばしょ》がない）

思い描《えが》いていた人生が、突然《とつぜん》、引きちぎられたような気がしました。開くはずだった人生の幕《まく》は、閉《と》じたまま終わろうとしているのです。

●いまの医学の限界《げんかい》

そんなとき、父の肝臓病《かんぞうびょう》がさらに悪化し、大阪《おおさか》病院に入院することになりました。糖尿病《とうにょうびょう》もあり、毎日、インスリンを打たなくてはなりません。「柔道《じゅうどう》をやれ」「医者になれ」と自分を導《みちび》いてくれた父。別れは迫《せま》っていました。

毎朝、点滴《てんてき》をするため、父の病室を訪《おとず》れます。するとベッドの上の父は、苦しそうにしかめていた顔をふわーとゆるめ、笑顔になります。息子が医者になったことが、うれしくてたまらないのです。

「おれの腕《うで》を練習台にして何度もやれ」

注射《ちゅうしゃ》や点滴《てんてき》のたびに、やせて骨《ほね》ばった腕《うで》を差し出します。医者になった姿《すがた》を見せることができたのは、うれしいことでした。けれど、父の病を治すことはできません。

「こんなに自分のことを心配してくれた父が亡《な》くなってしまうのか。しかも、医者でありながら、自分は父の病をどうすることもできない」

胸《むね》がつぶれそうでした。ふさふさした銀髪《ぎんぱつ》で、いつもおしゃれな父。

「おまえ、白衣がよう似合《にあ》ってる。かっこいいで。わしは、満足してる」

父が受けた最後の点滴《てんてき》も、伸弥《しんや》さんがしました。五十八歳《さい》の父の死は、「これからは、自分で何でも決めるんやで」という遺言《ゆいごん》のようでした。

いつも導《みちび》いてくれた父を亡《な》くしたさびしさが、どん底の気持ちに追い打ちをかけました。

ある日、「ひざが痛《いた》い」と男子高校生がやってきました。レントゲンを撮《と》ると、ひざに骨《ほね》のがんができていました。男の子は太ももから下を切断《せつだん》したものの、がんを治すことはできませんでした。

また、全身の関節が変形したリウマチの患者《かんじゃ》さんを担当《たんとう》しました。病室の棚《たな》に置いてある写真を見て、驚《おどろ》きました。数年前の写真だったのですが、別人のようでした。

整形外科医になってわかったことは、いまの医学では治せない患者《かんじゃ》さんが多いということでした。

大学時代、ラグビーをしていた伸弥《しんや》さんは、何度も事故《じこ》を目撃《もくげき》していました。試合中、スクラムがくずれ、倒《たお》れたまま起き上がれなくなった人もいました。なかには、脊髄《せきずい》が傷《きず》つき、車椅子《くるまいす》を使う生活をしている人や寝《ね》たきりになった人もいます。

いまの医学で助けられない人について、ある考えが浮《う》かびました。

(そうや、神さまのように手術《しゅじゅつ》のうまい先生でも、治すことのできない病気やケガの患者《かんじゃ》さんが大勢《おおぜい》いる。新しい薬や治療法《ちりょうほう》を開発したり、難病《なんびょう》の研究をしたりすることは大切な仕事だ)

難病《なんびょう》とは、病気の原因《げんいん》がわからず、ちゃんとした治療法《ちりょうほう》もなく、後遺症《こういしょう》が残ることが多い病のことをいいます。父もそうでした。原因《げんいん》がわからないのですから、だれもがかかる可能性《かのうせい》があります。決して人ごとではないのです。

(医者として、苦しんでいる患者《かんじゃ》さんの役に立ちたい。そして、いつか、だれもが難病《なんびょう》におびえることがない世界を実現《じつげん》する手伝いをしたい)

伸弥《しんや》さんに、希望が生まれました。

(もし、基礎《きそ》医学に行けば、いま治せない患者《かんじゃ》さんを、将来《しょうらい》治すことができるかもしれない)

基礎《きそ》医学とは、病気の原因《げんいん》をつきとめたり、薬や治療法《ちりょうほう》を開発したりするための医学研究のことです。大学のころ、実験が好きだったので、研究者になろうか、医者になろうか、迷《まよ》ったこともありました。

日本では、研究者の身分は不安定です。当時は、まわりの反対にもあい、進みませんでした。ところが、医者になってみて、自分が本当にしたいことに気づいたのです。

伸弥《しんや》さんは、研究者としての道を歩むことを決意しました。

不安でいっぱいでしたが、もう、あともどりはできません。こうして、高校生からの夢《ゆめ》だった整形外科医への道は挫折《ざせつ》しましたが、新たな一歩を踏《ふ》み出したのです。

伸弥《しんや》さんは、大阪《おおさか》市立大学大学院医学研究科博士課程《かてい》（薬理学専攻《せんこう》）に入りなおすことにしました。

面接《めんせつ》のときです。薬理学については、大学の学部生のときに学んだ知識《ちしき》しかありません。受け答えはしどろもどろになりました。

（えええ、わからん。どうしょう）

目の前の試験官は、困《こま》ったように眉《まゆ》を寄《よ》せています。

(うわっ、これでは落ちてしまう)

伸弥《しんや》さんは思わずすっくと椅子《いす》から立ち上がり、叫《さけ》ぶように言ってしまいました。

「先生、ぼくは薬理学のことは何もわかりません。でも、研究したいんです！ 通してください」

受かりたいという気持ちをぶつけました。

試験官は目を丸くしましたが、静かにうなずきました。

こうして伸弥《しんや》さんの熱意が伝わり、合格《ごうかく》できたのです。

第4章 ジャマナカからヤマチュウへ

●自然ってすごい

一九八九年春、山本研二郎教授《けんじろうきょうじゅ》の薬理学教室で三浦克之助《みうらかつゆき》手の指導《しどう》を受けることになりました。

三浦《みうら》先生は伸弥《しんや》さんを、部屋に招《まね》き入れました。

「きみは、何を研究するんや」

研修医《けんしゅうい》をしているときには聞かれたことのない質問《しつもん》です。

「えっ、したい研究をしていいんですか！」

「当たり前や。テーマは自分で決める。テーマに基《もと》づいて仮説《かせつ》を立てるんや」

仮説《かせつ》というのは、こうではないか、と予測《よそく》を立てることです。

「仮説《かせつ》が正しいかどうか、検証《けんしょう》するのが研究というものや」

(なんて、自由な世界なんや)

さわやかな風がスーッと通りすぎたようです。研修医《けんしゅうい》時代には縮《ちぢ》こまっていた心が、大きくふくらみました。

もちろん、すぐに実験をさせてくれるわけではありません。最初は、論文《ろんぶん》をたくさん読むことから始まりました。他人の論文《ろんぶん》を読むことで、自分がどんな研究をしたいのか、考えるヒントになるのです。最先端《さいせんたん》の学術論文《がくじゅつろんぶん》やサイエンス誌《し》、問題を提議《ていぎ》した科学の専門誌《せんもんし》などにも目を通します。

入学から三カ月が過《す》ぎました。

「そろそろ、実験をやってみるか」

三浦《みうら》先生が声をかけてくれました。

「は、はい。やらせてください」

はやる気持ちをおさえて答えます。

「きみは、まだ初心者。今回の仮説《かせつ》はぼくが立てるで」

「わかりました」

三浦《みうら》先生の仮説《かせつ》は、「犬に、ある物質《ぶっしつ》を投与《とうよ》したときに血圧《けつあつ》は下がらない」というものでした。伸弥《しんや》さんは、この実験で、いままで味わったことのない驚《おどろ》くべき出来事に出合うことになったのです。

はじめての実験なので、少し緊張《きんちょう》しながらも、慎重《しんちょう》に物質《ぶっしつ》を投与《とうよ》していきました。

ところが、仮説《かせつ》では下がらないはずの犬の血圧《けつあつ》が、どんどん下がっていくのです。

「うわあ、なんやこれは。なんで、下がるねん」

思わず犬に声をかけていました。体をさすってやると、ようやく血圧《けつあつ》の下がりが止まりました。

「ああ、びっくりした。それにしても……」

この結果は信じられないものでした。三浦《みうら》先生が立てた仮説《かせつ》と違《ちが》っていたからです。

「なんでや？」

すぐに実験結果を報告《ほうこく》したくて、三浦《みうら》先生がいる部屋に飛び込《こ》みました。

「先生、大変なことが起こりました。先生の仮説《かせつ》は間違《まちが》っていましたが、すごいことが起こりました」

大人《おとな》になって、こんなに興奮《こうふん》したのは、はじめてです。子どものころ、実験をしていたときにドキドキした気持ちを思い出しました。

「下がらないはずの血圧《けつあつ》が下がったのです」

「ほー、そうか、それは、すごいなぁ。ヤマチュウ」

三浦《みうら》先生もいっしょに驚《おどろ》いてくれたのです。研究室では、ジャマナカではなくヤマチュウと呼《よ》ばれるようになっていました。

伸弥《しんや》さんは、このときの興奮《こうふん》を生涯《しょうがい》、忘《わす》れることはありません。

(自然ってすごい。人間の予想もつかないことが起きるんや)

目の前が開けた気がしました。それと同時に、新しい薬や新しい治療法《ちりょうほう》をいきなり患者《かんじゃ》さんで試しては絶対《ぜったい》にいけない、十分に安全性《あんぜんせい》を確《たし》かめないと、とんでもないことが起こることを学んだのです。

(なぜ、血圧《けつあつ》は下がったんや。謎《なぞ》を解《と》きたい。研究って、まるでミステリーや)

まわり道をしたかもしれませんが、整形外科医としての挫折《ざせつ》が、現代《げんだい》の医学で治せない人のために新しい薬や治療法《ちりょうほう》をつくりたいという情熱《じょうねつ》を生んだのです。

自分といっしょになって驚《おどろ》いてくれる三浦《みうら》先生にも感謝《かんしゃ》しました。科学者としての胸《むね》のときめきを認《みと》めてくれたからです。

伸弥《しんや》さんは、「なぜ、下がらないはずの血圧《けつあつ》が下がったのか」という研究で博士の学位をとることができました。次々、研究テーマが浮《う》かんできます。もう医師《いし》にもどる気持ちはありません。研究のとりこになっていたのです。

英語で論文《ろんぶん》を書き、「サーキュレーション・リサーチ」という科学誌《かがくし》に投稿《とうこう》し、掲載《けいさい》されました。

すると、海外の研究者から、「あなたの研究は、すばらしい」という手紙が届《とど》きました。また、「うちの大学で講演《こうえん》してください」という依頼《いらい》もきたのです。

(基礎《きそ》研究は世界が相手なんや)

視野《しや》が大きく広がりました。

結局、四年間で論文《ろんぶん》を四本、提出《ていしゅつ》することができました。

●遺伝子《いでんし》研究に出合う

ところで、病気とは、どうして起こるのでしょうか?

人間は、約三七兆個《こ》もの細胞《さいぼう》によってできています。健康な細胞《さいぼう》が健全に働いてくれればいいのですが、どこかの細胞《さいぼう》がうまく働かなくなる、それが病気なのです。

伸弥《しんや》さんは、科学雑誌《ざっし》に掲載《けいさい》された研究に注目していました。遺伝子《いでんし》研究です。

遺伝子《いでんし》とは、親から子に性質《せいしつ》や特徴《とくちょう》が伝えられる遺伝《いでん》の情報《じょうほう》を司《つかさど》るものです。細胞《さいぼう》内の核《かく》という物質《ぶっしつ》の中にある染色体《せんしょくたい》に、ネズミでは約三万もあります。

一九九〇年代、ありとあらゆる病気をコントロールするために、遺伝子《いでんし》を使う療法《りょうほう》が注目されていました。世界中の科学者が懸命《けんめい》に遺伝子《いでんし》研究に没頭《ぼっとう》していました。

(ようし、ぼくも一員になるぞ)

決意しました。

そんなとき、伸弥《しんや》さんは、科学雑誌《ざっし》である最先端《さいせんたん》の技術《ぎじゅつ》を知りました。

遺伝子《いでんし》を改変したノックアウトマウスの作製《さくせい》技術《ぎじゅつ》です。ノックアウトマウスとは、三万もある遺伝子《いでんし》のなかから、たった一つの遺伝子《いでんし》が消されたマウスです。

遺伝子《いでんし》は、DNA(デオキシリボ核酸《かくさん》)という物質《ぶっしつ》でできています。もし、ある遺《い》伝子《でんし》の働きを知りたかったら、その遺伝子《いでんし》だけをもたないノックアウトマウスをつくり、どんな異常《いじょう》が出てくるかを調べれば、その遺伝子《いでんし》の働きがわかります。

(すごい技術《ぎじゅつ》だ。ぜひ、つくってみたい)

けれど、当時、国内ではだれもできませんでした。それほど難《むずか》しいのです。技術《ぎじゅつ》を学ぶためには、海外へ留学《りゅうがく》するしかありません。海外の留学先《りゅうがくさき》を探《さが》していた伸弥《しんや》さんに、先生や先輩《せんぱい》は言いました。

「ヤマチュウ、留学先《りゅうがくさき》は自分で探《さが》さなしゃあないで」

海外の科学雑誌《ざっし》の募集《ぼしゅう》広告に手当たりしだいに応募《おうぼ》していきました。三〇から四〇カ所も。

けれど、どこからも返事はありません。しかし、たった一つ、アメリカ・サンフランシスコのグラッドストーン研究所から電話がかかってきました。応募《おうぼ》した研究室の先生ではなく、トーマス・イネラリティ博士という人からです。

博士と電話でいろいろ話したはずですが、伸弥《しんや》さんが覚えているのは、たった一つのことでした。

博士はたずねました。

「きみは、よく働きますか？」

「はい、大丈夫《だいじょうぶ》です」

「そうですか。では、こちらにいらっしゃい」

「えっ、本当ですか。ぜひ行かせていただきます。ありがとうございます」

こうしてアメリカ留学《りゅうがく》が決まりました。のちに数カ所の研究所から連絡《れんらく》があったのですが、いちばん最初に声をかけてくれたグラッドストーン研究所に行くことにしました。

ところが、困《こま》ったことがありました。伸弥《しんや》さんは、遺伝子《いでんし》などを研究する分子生物学の実験をしたことがなかったのです。当時、大阪《おおさか》市立大学大学院の薬理学教室で唯一《ゆいいつ》、分子生物学を研究していた先生に三カ月間指導《しどう》を受け、なんとか技術《ぎじゅつ》を習得しました。

第5章　アメリカ・グラッドストーン研究所へ

●研究環境《かんきょう》の違《ちが》い

アメリカ西海岸のサンフランシスコの有名な橋、ゴールデンゲートブリッジの近くにサンフランシスコ総合《そうごう》病院があります。その一角に築《ちく》百年以上のレンガづくりの建物がありました。グラッドストーン研究所です（二〇〇四年にミッションベイの新しいビルに移転《いてん》しています）。

一九九三年四月、伸弥《しんや》さんは妻《つま》と二人の娘《むすめ》とともにアメリカへ旅立ちました。研《けん》修医《しゅうい》をしていたとき、中学・高校のクラスメートの知佳《ちか》さんと結婚《けっこん》し、子どもも生まれていました。苦しんでいた研修医《けんしゅうい》時代も、知佳《ちか》さんはずっと支《ささ》えてくれました。

知佳《ちか》さんは皮膚科《ひふか》の医師《いし》です。伸弥《しんや》さんが留学《りゅうがく》するとき、知佳《ちか》さんは休職《きゅうしょく》してア

伸弥《しんや》さんが留学《りゅうがく》していた当時のグラッドストーン研究所

メリカに同行してくれたのです。文化やことば、習慣《しゅうかん》の違《ちが》うアメリカでの生活への不安も吹《ふ》き飛びました。

アメリカに来て、はじめて研究室をのぞいた伸弥《しんや》さんは声をあげました。

「なんて広いんや！」

大きな部屋に、壁《かべ》や仕切りがありません。フロア全体が一つの研究室です。明るい室内に、さまざまな実験器具が並《なら》んでいます。目の前で研究者たちが顕微鏡《けんびきょう》やシャーレ、ビーカー、試験管などを使って実験しています。

こういう壁《かべ》や仕切りのない実験室のことを「オープンラボ」といいますが、実際《じっさい》に見たのは、はじめてでした。

「これなら、ほかの科学者がどんな実験をしているのか、わかるぞ。また、どんな実験方法なのか、質問《しつもん》することもできる。すごいことや」

驚《おどろ》きの連続です。

当時、日本では、研究室は壁《かべ》とドアで仕切られた個室《こしつ》でした。中で何をしているのかわかりません。研究者たちが互《たが》いに交流することは、難《むずか》しいことでした。

また、研究をする人だけでなく、遺伝子操作《いでんしそうさ》の技術《ぎじゅつ》を教える人、マウスの世話を担当《たんとう》するスタッフや職員《しょくいん》など研究を支《ささ》える支援員《しえんいん》が多くいることにも驚《おどろ》きました。

「ここでなら、研究に打ち込《こ》めるぞ」

ボスである指導《しどう》教官トーマス・イネラリティ（愛称《あいしょう》、トム）博士のもとで研究を始めました。ボスとは、研究の指導《しどう》をする先生のことをいいます。

ところで、トムは、なぜ伸弥《しんや》さんを採用《さいよう》したのでしょうか。あとで聞いてみると、こう答えてくれました。

「シンヤが大学院生のとき、四つも論文《ろんぶん》を出していたからだ。プロダクティビティ（生産性《せいさんせい》）がいいと思ったんだよ」

トムは、伸弥《しんや》さんの応募《おうぼ》の手紙をたまたま目にして、興味《きょうみ》をもってくれたのです。

研究所にいるあいだ、伸弥《しんや》さんはほかの人の三倍は働きました。一つの実験をするだけでなく、実験の待ち時間に別の実験を組み込《こ》み、一度に三つの実験を並行《へいこう》して行っていました。

中学生のころからいそがしい生活をしていた伸弥《しんや》さん。大学の医学部時代、学期ごとに試験で覚えることがたくさんあるうえ、ラグビー部の練習もきつく、短時間でいかに効率的《こうりつてき》に勉強できるかを、ずっと考えてきたことが役に立ったのです。

●プレゼンテーションを学ぶ

留学中《りゅうがくちゅう》には、研究だけでなく、聴衆《ちょうしゅう》に研究内容《ないよう》を伝えるプレゼンテーション（略《りゃく》してプレゼン）をする方法を学んだり、英語で論文《ろんぶん》を書く勉強をしたりしました。

研究者は、ただ研究だけしていればいいのではありません。論文《ろんぶん》を書いたり、学会や講演会《こうえんかい》で発表したりして、研究を広めることも大事な仕事の一つです。伸弥《しんや》さんは、大学にいるころ、プレゼンが苦手でした。

グラッドストーン研究所は、カリフォルニア大学サンフランシスコ校（UCSF）と連携《れんけい》しています。伸弥《しんや》さんは、車で三十分ほどのところにある大学でゼミを受講《じゅこう》しました。プレゼンのゼミは、一回二時間で二〇回あります。内容《ないよう》は、ほかの受講《じゅこう》生《せい》の前でプレゼンし、お互《たが》いに批評《ひひょう》し合うというものです。発表者がビデオに撮《と》られるということもありました。

プレゼンが終わると、発表者は退席《たいせき》させられ、受講生《じゅこうせい》たちが録画を見ながら細かく、良い点、悪い点を指摘《してき》します。あとでその様子をビデオで再生《さいせい》して見ることができます。こういうことが大事だとわかりました。

①スライドには、聴衆《ちょうしゅう》の読めない文字を使うな。

②文字ばかりのスライドは避《さ》けよ。

③発表で説明しないことは、スライドに書くな。

④強調したいからといってポインター（指示《しじ》する点）をくるくる動かすな。聴衆《ちょうしゅう》の目がまわる。ポインターはなるべく動かさないほうがよい。

⑤ユーモアも大事。

⑥スライドにはつながりが必要だということ。いま、これがわかったから、次にこの実験をするんだというはっきりした考えをもつことが大切だ。

この⑥からは、いま取り組んでいる実験と次に取り組む実験の関係をはっきりさせるという思考方法も学びました。

アメリカで身につけたプレゼン力は、その後、何度も伸弥《しんや》さんを助けることになるのです。また、所長のロバート・マーレイ先生は、生き方について教えてくれました。

●成功の秘訣《ひけつ》はＶＷ《ブイダブリュ》

ある日、博士号をもちながら、マーレイ先生のもとで研究のトレーニングを続けるポスドク（ポストドクトラルフェローの略《りゃく》）を二〇人ほど集めて、先生が話しだしました。

「研究者として成功するには、ＶＷ《ブイダブリュ》が大切なんだ」

「ＶＷって何や」

「フォルクスワーゲンのことか」

一瞬《いっしゅん》、みんな、怪訝《けげん》な顔をしました。マーレイ先生の愛車はドイツ車のフォルクスワーゲンで、略《りゃく》して「ＶＷ」です。先生が長年、フォルクスワーゲンに乗っていることは研究所では有名でした。

「えっ、まさか車の話か」

所長のロバート・マーレイ先生と彼《かれ》の愛車フォルクスワーゲン(VW)

顔を見合わせています。マーレイ先生は続けます。

「ＶＷさえ実行すれば、必ず成功する。研究者としてだけでなく人生にとっても大切なのはＶＷ。魔法《まほう》のことばだ」

どうも、車のことではなく、人生のことのようです。

「いったい何のこと？」

話をよく聞いてみると、ＶＷのＶは、ビジョンのことでした。ビジョンとは、長期的目標のことです。Ｗはワークのことです。つまり一生懸命《いっしょうけんめい》働くという意味です。ＶＷとは、「しっかりした目的に向かって努力しなさい」ということです。

仲弥《しんや》さんは、ハードワークは得意でした。ほとんど寝《ね》ないで研究を行うことも多く、だれにも負けない自信もあり、目の前の目標ももっていました。

マーレイ先生は、仲弥《しんや》さんにたずねました。

「きみのビジョンは何？」

「え、えっと、ビジョン？」

思いもかけない質問《しつもん》に、どう答えていいのかわかりません。口ごもりました。

「そ、それは、いい論文《ろんぶん》を書いて、研究費をたくさんもらって、いいポジション（地位）につくことです」

マーレイ先生は肩《かた》をすくめました。

「それは、ビジョンではありません。目の前の研究だけをしていては成功は望めませんよ」

ハッとしました。気がつくと長期的なビジョンを忘《わす》れていたのです。

（自分は何のために、研究をしてるんだ。難病《なんびょう》の患者《かんじゃ》さんの役に立つためではなかったのか）

研究を始めるきっかけとなった気持ちを忘《わす》れるところでした。父を亡《な》くした伸弥《しんや》さんにとって、ビジョンについて教えてくれるマーレイ先生は、アメリカでの父のような存在《そんざい》です。いまも家族ぐるみのつきあいをしています。

●オスのマウスが妊娠!?

ボスであるトムから伸弥《しんや》さんに与《あた》えられた最初の試練は、遺伝子《いでんし》を変えたマウスをつくることでした。トムは、コレステロールの研究をしています。コレステロールは脂《あぶら》でできていて、血管を硬《かた》くしたり、幅《はば》を狭《せま》くしたりして血液《けつえき》をつまらせる原《げん》因《いん》になっています。

アメリカ人は日本人にくらべ、遺伝的《いでんてき》にコレステロール値《ち》が高い人が多く、死因《しいん》のトップは血管がつまることによる心臓病《しんぞうびょう》です。そのため、昔から心臓病《しんぞうびょう》の研究がさかんで、グラッドストーン研究所も心臓病《しんぞうびょう》の研究をするため、設立《せつりつ》されました。

最初の実験は、トムが仮説《かせつ》を立てました。トムが発見した遺伝子《いでんし》APOBEC1《アポベクワン》を肝臓《かんぞう》内で強く働かせることで、コレステロールを下げる働きをするのではないか、というものです。

伸弥《しんや》さんは、スタッフの女性《じょせい》といっしょに、この遺伝子《いでんし》の働きを一〇～二〇倍強めたマウスを何カ月もかけてつくりました。遺伝子《いでんし》を改変したマウスとは、いったい、どのようにしてつくられるのでしょうか？

遺伝子《いでんし》APOBEC1《アポベクワン》を人工染色体《せんしょくたい》に組み入れ、大腸菌《だいちょうきん》のなかで大量に増《ふ》やします。顕微鏡《けんびきょう》で受精卵《じゅせいらん》をのぞきながら、その核《かく》の中へ、増《ふ》やした遺伝子《いでんし》を注入します。

遺伝子《いでんし》を注入するためには、特別な顕微鏡《けんびきょう》とマイクロマニピュレーターという特殊《とくしゅ》な装置《そうち》が必要です。

そうして、二〇〇個《こ》以上の受精卵《じゅせいらん》に次々と注入していきます。手先の器用さと集中力が必要です。その後、受精卵《じゅせいらん》をマウスの子宮にもどし、赤ちゃんの誕生《たんじょう》を待ちます。

ようやく、目的のマウスが何匹《なんびき》も育ちました。遺伝子《いでんし》を変えたマウスをつくるのに成功したためか、トムは伸弥《しんや》さんをラボの一員として認《みと》めてくれたようです。

ところが、ある朝のことです。

「シンヤ、大変よ」

スタッフの女性《じょせい》が研究室にかけこんできました。

「えっ？　どうしたの？」

「あなたのマウスが、妊娠《にんしん》しているの」

「そりゃ妊娠《にんしん》くらいするでしょう」

「だけど、妊娠《にんしん》してるのは、オスなんです」

彼女《かのじょ》は、口をとがらせます。

「まさか、オスが妊娠《にんしん》するはずないやろ」

伸弥《しんや》さんは、首をかしげながら、すぐにマウスの飼育室《しいくしつ》へ行きました。目に飛び込《こ》んだのは、お腹《なか》がぱんぱんにふくらんだマウスたちです。いまにも赤ちゃんを産みそうなほどです。しかも、オスもメスもです。

「どうなってるんだ」

調べてみると、肝臓《かんぞう》が五倍ほどに巨大化《きょだいか》し、肝臓《かんぞう》の細胞《さいぼう》にできる肝細胞《かんさいぼう》がんができていました。

（ええっ！　APOBEC1《アポベクワン》はがん遺伝子《いでんし》だったのか）

とても薬に使うことなどできません。人間の予測《よそく》を超《こ》え、自然は驚《おどろ》きに満ちています。結果を知らせると、トムはがっかりしていました。薬になるどころか、大きな害をもたらすことがわかったからです。

しかし、伸弥《しんや》さんは、またも自然の不思議に出合いました。

（なぜ、たった一つの遺伝子《いでんし》が、こんなに大きながんをつくるのだろうか？）

その仕組みを追究したくなりました。トムもいっしょに興味《きょうみ》をもち、伸弥《しんや》さんがその研究をすることを許《ゆる》してくれました。

心臓病《しんぞうびょう》の研究所で、がんの研究をすることは、指導者《しどうしゃ》の大きな心がないとできないことです。伸弥《しんや》さんは、いまでも指導《しどう》教官としてトムを尊敬《そんけい》し感謝《かんしゃ》しています。

じつは、その研究こそが、iPS細胞《さいぼう》の作製《さくせい》につながっていくのです。

●新しい遺伝子《いでんし》、発見

伸弥《しんや》さんは、アメリカでES細胞《イーエスさいぼう》に出合いました。ES細胞《さいぼう》というのは、一九八一年、イギリスのマーティン・エヴァンズ博士がはじめて培養《ばいよう》に成功した細胞《さいぼう》です。受精《じゅせい》して数日たった状態《じょうたい》のマウスの受精卵《じゅせいらん》を細かくして培養《ばいよう》し、人工的に幹細胞《かんさいぼう》をつくるのです。

幹細胞《かんさいぼう》とは、ほかの細胞《さいぼう》を生み出す力のある細胞《さいぼう》のことです。ES細胞《さいぼう》は、日本では「胚性幹細胞《はいせいかんさいぼう》」と訳《やく》されています。

マウスES細胞《さいぼう》は、ほぼ無限《むげん》に増《ふ》やしつづけることができます。増《ふ》やした細胞《さいぼう》から、神経細胞《しんけいさいぼう》や心臓《しんぞう》の細胞《さいぼう》、筋肉《きんにく》や骨《ほね》など、二〇〇種類以上の細胞《さいぼう》に変えることができるのです。このような性質《せいしつ》から万能細胞《ばんのうさいぼう》と呼《よ》ばれています。

先ほどの実験では、遺伝子《いでんし》APOBEC1《アポベクワン》を何十倍にも働かせたマウスが肝臓《かんぞう》がんになりました。

では、なぜ私《わたし》たちはがんにならないのでしょうか?

(がん遺伝子《いでんし》APOBEC1《アポベクワン》が働くのをおさえている遺伝子《いでんし》があるからではないだろうか?)

伸弥《しんや》さんは、その遺伝子《いでんし》をES細胞《さいぼう》を使って探《さが》しはじめました。結果、新しい遺《い》伝子《でんし》NAT1《ナットワン》を発見しました。はたして、がん遺伝子《いでんし》が働くのをおさえている遺伝《いでん》子《し》なのでしょうか。伸弥《しんや》さんは研究を続けます。

遺伝子《いでんし》の数は約三万個《こ》あります。そのうち、当時一万五〇〇〇個《こ》は発見されていました。残りは一万五〇〇〇個《こ》もあるといいますが、新しい遺伝子《いでんし》を見つけ、その役割《やくわり》をきちんと調べるのはとても難《むずか》しいことです。だれもが発見できるわけではないのです。NAT1《ナットワン》という遺伝子《いでんし》を発見したというだけでも、大きな収穫《しゅうかく》でした。

●意気揚々《ようよう》と帰国

伸弥《しんや》さんは、NAT1《ナットワン》遺伝子《いでんし》の働きを調べるため、NAT1《ナットワン》を働かないようにしたノックアウトマウスをつくることにしました。

自分が発見した遺伝子《いでんし》の働きを探《さぐ》るのですから、こんなに楽しいことはありません。昼も夜も夢中《むちゅう》になって研究に没頭《ぼっとう》しました。一つの研究が終わると、ボスのトムが「次は何の研究をするんだ」と聞きにきてくれました。

(自分は研究者に向いている)

期待されていることが伝わりました。研究所には、ノーベル賞級の研究者がたくさんいて、ほかの分野の話を聞きにいくこともできます。

ここでは、どれだけいい発想をするかだけが問題なのです。

(なんて研究に適《てき》した環境《かんきょう》なんだろう。自由な時間があり、考えたり議論《ぎろん》したりできる。日本では、研究者は書類づくりでいそがしく、学内で酒をくみかわす機会もない。給料も安い。日本の若手《わかて》は海外を経験《けいけん》するべきだ)

恵《めぐ》まれた毎日で研究もはかどりました。出した論文《ろんぶん》は、学術誌《がくじゅつし》にすぐに掲載《けいさい》されます。家に帰ると、「パパ、お帰りなさい」と言いながら、子どもたちが飛びついてきます。

日本では、生活のため、研究以外にも医師《いし》としての仕事をしていました。土曜・日曜には当直もあり、家に帰れませんでした。

アメリカでは、研究をする以外の時間は家族と過《す》ごすことができます。子どもとお風呂《ふろ》に入ったり、いっしょに旅行をしたり、子育てにかかわることもでき、家族との絆《きずな》も深まりました。何より、不慣《ふな》れな実験にあけくれる異国《いこく》での生活を、家族の温もりが支《ささ》えてくれました。

（なんと充実《じゅうじつ》した毎日なんだろう）

しかし、順調な日々は長くは続きませんでした。娘《むすめ》の小学校入学をきっかけに、妻《つま》たちは日本にもどってしまったのです。もう家に帰っても家族の笑顔はありません。伸弥《しんや》さんは、朝から晩《ばん》まで研究所に泊《と》まり込《こ》んで実験するようになりました。

けれど、九回失敗しないとなかなか一回の成功が手に入らないといわれる研究を続けるには、家族の支《ささ》えが必要でした。失敗ばかりの実験に泣きたくなるときも、子どもの笑顔が救ってくれていたのです。

家族が日本に帰って半年たったころ、一人のさびしさに耐《た》えられなくなり、子どもたちの成長をこの目で見届《みとど》けたい思いが、こらえられなくなりました。

（もう限界《げんかい》だ）

伸弥《しんや》さんは約三年間の留学《りゅうがく》を終え、研究の途中《とちゅう》でしたが日本に帰ることにしました。研究室のボスであるトムは、約束してくれました。

「日本に帰ってもNAT1《ナットワン》の研究を続けたらいい。ノックアウトマウスができたら、送るよ」

トムのおかげで、研究が続けられることになりました。

「きみの才能《さいのう》はすばらしい」

「次はどんな研究をするんだい」

アメリカで期待されつづけ、才能《さいのう》を認《みと》められた伸弥《しんや》さんは、意気揚々《ようよう》と帰国しましたが、日本の現実《げんじつ》は厳《きび》しいものでした。

第6章 クローンって何？

●ドリー、誕生《たんじょう》する

一九九六年七月のことです。

イギリスの北に位置するスコットランドの首都、エジンバラは夏でも肌寒《はだざむ》い毎日でした。エジンバラ郊外《こうがい》にあるロスリン研究所のイアン・ウィルマット博士たちは、朝からそわそわしていました。

（無事に生まれてきてくれよ）

祈《いの》るような気持ちで、スコティッシュ・ブラックフェイスという種類の黒い顔の母羊の背《せ》をなでました。母羊は、大きなお腹《なか》をしています。もうすぐ赤ちゃんが生まれるのです。落ち着かない様子で清潔《せいけつ》な床《ゆか》を足でほるしぐさをしたり、しきりに体を動かしたりしています。やがて横たわると、苦しそうに「メェー」と鳴きました。お産が始まったのです。研究者たちは、食い入るように見守ります。

やがて母羊が体をふるわせた瞬間《しゅんかん》、床《ゆか》に赤ちゃんが誕生《たんじょう》しました。

「生まれたぞ」

研究者たちが子羊の顔をのぞきこみます。

「白い」

「やった！」

「フィン・ドーセット種だ」

「ついに成功したぞ」

思わず、その場にいた人たちは、拍手《はくしゅ》し、互《たが》いに肩《かた》をたたきあいました。この子羊こそ、世界最初の哺乳類《ほにゅうるい》のクローン羊だったのです。ドリーと名づけられた子羊は、じつは、母羊とはまったく血がつながっていません。

母羊は黒い顔ですが、子羊は白い顔をしています。ドリーは、白い顔のフィン・ドーセット種の羊の乳腺《にゅうせん》の核《かく》を使って生まれたのです。

クローンとは、何でしょうか。

ある個体《こたい》とまったく同じ遺伝子《いでんし》をもつコピー（写し）のことをクローンといいます。植物は「挿《さ》し木」などでクローンをつくることができます。しかし、哺乳類《ほにゅうるい》のクローンをつくるのはとても難《むずか》しく、この成功の陰《かげ》には二七六回もの失敗がありました。

一九六〇年ごろ、世界で最初に動物のクローンをつくることに成功したのは、クローンカエルを誕生《たんじょう》させたイギリスのジョン・ガードン博士です。

ガードン博士たちは、アフリカツメガエルのオタマジャクシの腸細胞《ちょうさいぼう》の核《かく》を卵細《らんさい》胞《ぼう》に移植《いしょく》しました。すると、その卵細胞《らんさいぼう》はどんどん成長し、オタマジャクシとなり、クローンカエルの第一号が生まれたのです。

しかし、当時、クローンカエルをつくるには高度な技術《ぎじゅつ》が必要だったため、再現《さいげん》が難《むずか》しく、ガードン博士の考えは受け入れられませんでした。それでもガードン博士は粘《ねば》り強く実験を続け、ついには、カエルの肺《はい》、心臓《しんぞう》、肝臓《かんぞう》、腎臓《じんぞう》、皮膚《ひふ》などの細胞《さいぼう》の核《かく》を使って、オタマジャクシを発生させ、みずからの論文《ろんぶん》の正しさを証明《しょうめい》したのです。

第7章　心が折れそうになる

●ES細胞《さいぼう》を研究する

（そうか！　クローン羊ドリーが誕生《たんじょう》したということは、理論的《りろんてき》には、どんな細胞《さいぼう》であっても、いろいろな組織《そしき》になる前の状態《じょうたい》にもどせるということが証明《しょうめい》されたんだ）

伸弥《しんや》さんは、衝撃《しょうげき》を受けました。ニュースが耳に飛び込《こ》んできたのは、ちょうど家族の待つ日本にもどったばかりのころです。日本学術振興会《がくじゅつしんこうかい》特別研究員に採用《さいよう》され、大阪《おおさか》市立大学医学部薬理学教室で助手として研究を続けていました。

約束どおり、トムはNAT1《ナットワン》遺伝子《いでんし》を働かないようにしたノックアウトマウスを三匹《びき》送ってくれました。

二匹《ひき》のマウスに、感謝《かんしゃ》の気持ちをこめて、「トム」とその妻《つま》である「カーニー」の名前をつけました。もう一匹《ぴき》は名なしでしたが。

(ありがとう。トムとカーニー、これでNAT1《ナットワン》遺伝子《いでんし》の研究が続けられる。この遺伝子《いでんし》が、がんを起こさせないようにするなら、NAT1《ナットワン》遺伝子《いでんし》を完全につぶしたマウスには、きっと、がんが大量にできるはず)

伸弥《しんや》さんはそう考えましたが、その仮説《かせつ》は見事にはずれました。

(なんだ? これは?)

トムとカーニーからは、赤ちゃんが生まれてこなかったのです。つまり受精卵《じゅせいらん》は、NAT1《ナットワン》遺伝子《いでんし》がないと赤ちゃんにはなれないのです。

(いったい、どうなったというのだ)

赤ちゃんが生まれてこないため、マウスを調べることはできません。そこで注目したのが、マウスES細胞《さいぼう》です。

第5章で説明したように、ES細胞《さいぼう》は、ほぼ無限《むげん》に増《ふ》やしつづけることができます。増《ふ》やした細胞《さいぼう》から、神経細胞《しんけいさいぼう》や心臓《しんぞう》の細胞《さいぼう》、筋肉《きんにく》や骨《ほね》など、二〇〇種類以上の細胞《さいぼう》に変えることができるので、万能細胞《ばんのうさいぼう》と呼《よ》ばれています。

伸弥《しんや》さんはNAT1《ナットワン》遺伝子《いでんし》をもたないES細胞《さいぼう》をつくりました。この細胞《さいぼう》のことをノックアウトES細胞《さいぼう》といいます。

じつは、ノックアウトES細胞《さいぼう》をつくるのは、何万回に一回しか成功しないのです。しかし、ES細胞《さいぼう》は、無限《むげん》に増《ふ》やすことができるので、効率《こうりつ》の悪さをカバーすることができました。とはいっても、とても根気のいる仕事でした。

NAT1《ナットワン》遺伝子《いでんし》をもたないES細胞《さいぼう》を培養《ばいよう》していくと、無限《むげん》に増《ふ》えつづけましたが、心臓《しんぞう》や筋肉《きんにく》などのさまざまな器官にはならなかったのです。赤ちゃんが生まれないはずです。

ということは、がんにならないようにする性質《せいしつ》をもつかもしれないNAT1《ナットワン》遺伝《いでん》子《し》は、多くの器官や筋肉《きんにく》などになるために必要な遺伝子《いでんし》なのでした。このような実験を繰《く》り返しているうちに、伸弥《しんや》さんは、どんどんES細胞《さいぼう》に興味《きょうみ》がわいてきました。

(なんと不思議な力をもった細胞《さいぼう》なんだ)

研究テーマをNAT1《ナットワン》遺伝子《いでんし》からES細胞《さいぼう》に変える決意をしました。

●二度目の挫折《ざせつ》

「なあ、ヤマチュウ、ネズミの細胞《さいぼう》の研究、おもしろいかもしれんけど、もっと人を助ける医学研究をしたほうがいいよ」

毎日、マウスのＥＳ細胞《さいぼう》を研究している伸弥《しんや》さんに、先輩《せんぱい》が心配そうな顔で忠告《ちゅうこく》してくれます。ＥＳ細胞《さいぼう》の研究をする人は日本では少なく、伸弥《しんや》さんの研究を理解《りかい》してくれる人はだれもいませんでした。相談相手もおらず、一人で黙々《もくもく》とマウスの世話をしなければなりませんでした。

伸弥《しんや》さんたち科学者が扱《あつか》うのはＳＰＦマウスです。ＳＰＦマウスとは、体内に病気のもととなる微生物《びせいぶつ》や寄生虫《きせいちゅう》がいないマウスのことです。伸弥《しんや》さんは、アメリカからＳＰＦマウスを二匹《ひき》持って帰りました。

ＳＰＦマウスの世話には神経《しんけい》を使います。エサをやりすぎて、食べ残しにカビが生《は》えないように、量を調節し、こまめに掃除《そうじ》をしなければなりません。また、病原《びょうげん》菌《きん》に感染《かんせん》しないように、手を洗《あら》い、服を着替《きが》え、帽子《ぼうし》をかぶり、手袋《てぶくろ》をつけ、マスクをして、直接《ちょくせつ》、ふれることのないようにします。

一週間に二回は一日中こもって、ケージの床《ゆか》に敷《し》くマットを替《か》えてやり、ケージを洗《あら》います。マウスは順調に増《ふ》えていき、一年で約五〇〇匹《ぴき》になりました。何十個《こ》ものケージの掃除《そうじ》などマウスの世話に追われ、ES細胞《さいぼう》の研究どころではありません。

アメリカでは、マウスの世話をしたり、実験の技術《ぎじゅつ》を教えたりするスタッフがいました。研究を助けてくれる人を研究支援員《しえんいん》といいます。アメリカの研究支援員《しえんいん》は長期間働き、身分が安定しています。

ところが、日本にもどると、研究を助けてくれる人はなく、何もかも自分でしなくてはなりません。しかも、研究費も少なく、思うような研究ができません。

(マウスのES細胞《さいぼう》をさまざまな細胞《さいぼう》に育てる研究は、おもしろい。しかし、この研究が、本当に人間を助けるためになるのか)

疑問《ぎもん》がわきあがってきました。

(研究者になったのは、現代《げんだい》の医学では救えない患者《かんじゃ》さんに新しい薬や処方《しょほう》をつく

るためだったのに）

帰国後、伸弥《しんや》さんは二度目の挫折《ざせつ》を経験《けいけん》します。体がだるく、朝起きることができなくなったのです。そうなると、みるみる研究への情熱《じょうねつ》が失われていきました。

（悔《くや》しい。せっかく研究というすばらしい世界と出合えたのに。整形外科医のときのように、また逃《に》げ出すのか。それは、情《なさ》けない）

深夜、目が覚め、こんな思いが頭をめぐります。

（かといって、いまのままではだめだ。整形外科医にもどるべきではないか）

毎日、何度も自分に問いかけました。

（患者《かんじゃ》さんの役に立たない研究なんて、意味があるのか）

思うように研究できないまま、マウスの世話で日が過《す》ぎていきます。はげましあう仲間もおらず、たった一人で机《つくえ》に向かっていました。

窓《まど》からは、明るい陽射《ひざ》しが射《さ》し込《こ》んでいます。

顔を上げると、サンフランシスコの研究所の窓《まど》から見えた輝《かがや》くような青空が目に飛び込《こ》みました。あの広々とした青空のもとで、多くの研究者と議論《ぎろん》しながら実験に没頭《ぼっとう》していた毎日がなつかしく思い出されます。

窓《まど》に近寄《ちかよ》り、外の道路に目をやりました。

小学生たちが、明るい声をあげて前を走っていきます。

もう下校時間でした。女の子のグループのなかに娘《むすめ》を見つけました。午後の光を浴びて笑っています。

「このまま研究を続けて、父親として、娘《むすめ》たちに何を残してやれるのだろうか」

伸弥《しんや》さんの心に、父として家族を守らなくては、という思いがあふれてきました。

そのとき、以前、散歩していたらいい土地が売りに出ていたことを思い出しました。

「そうや、ふんぎりをつけるため、家を買おう。ローンをたくさん借りるんや。いまのままでは、ローンを返せない。手術《しゅじゅつ》はへたでも、整形外科医にもどろう。どんなに向いていなくても、家族のためにがんばるんや」

伸弥《しんや》さんはそう決意して、背中《せなか》に夕陽を浴びながら土地を見にいきました。

「家族と楽しい生活を送るため、がんばれる」

「売土地」と書かれた看板《かんばん》の前で、自分の未来像《みらいぞう》を思い浮《う》かべました。医師《いし》としての人生を送っている姿《すがた》です。

研究者としての道を、みずからの手で閉《と》ざしかけた瞬間《しゅんかん》でした。

不動産業者に申込金《もうしこみきん》を支払《しはら》い、いよいよ契約《けいやく》という日の朝、携帯《けいたい》電話が鳴りました。母からでした。

「昨日、お父ちゃんが夢枕《ゆめまくら》に立って、『伸弥《しんや》に、土地買うの、もうちょっと考えるように言え』と言ってたよ」

「そうか」

年老いた母の言うことだったので、明日まで待とうと思いなおし、不動産業者に「契約《けいやく》は明日にします」と電話しました。ところが、夕方、不動産業者から電話がかかってきました。

「山中《やまなか》さん、申し訳《わけ》ないですが、あの土地、売れてしまいました。お金はお返しします」

土地を買いそびれてしまいました。

●ヒトES細胞《さいぼう》はできたけれど……

そんな迷《まよ》いのさなか、伸弥《しんや》さんが思わずジャンプしたほどうれしいニュースが届《とど》きました。

一九九八年、ウィスコンシン大学のトムソン教授《きょうじゅ》たちが人間の受精卵《じゅせいらん》からヒトES細胞《さいぼう》をつくることに成功したというのです。

「これで、いままでの研究がムダにならないですむ」

ヒトES細胞《さいぼう》から人間の神経《しんけい》や心臓《しんぞう》の細胞《さいぼう》をつくり、脊髄《せきずい》が損傷《そんしょう》したり、心臓《しんぞう》が悪くなったりした患者《かんじゃ》さんに移植《いしょく》して治すことができると、再生《さいせい》医学への期待が一気に高まりました。

ヒトES細胞《さいぼう》は、好きなだけ増《ふ》やすことができ、人間の神経細胞《しんけいさいぼう》など体のあらゆる組織《そしき》になることができるからです。マウスのES細胞《さいぼう》がつくられてから十七年もの月日が流れていました。

（よかった。ヒトES細胞《さいぼう》なら人間の病気の治療《ちりょう》に使えるぞ。自分の研究も、医学

の役に立つ）

伸弥《しんや》さんの心にポッと温かい望みが生まれました。

しかし、望みをかなえるのは、簡単《かんたん》なことではありません。

ヒトES細胞《さいぼう》というのは、人間の受精卵《じゅせいらん》を扱《あつか》います。将来《しょうらい》、赤ちゃんになるかもしれない細胞《さいぼう》を医学のために使ってもいいのか、という大きな問題があり、世界中で議論《ぎろん》されました。

ところで、人間とは、いったい、いつから人間なのでしょうか。

もし受精《じゅせい》した瞬間《しゅんかん》を人間の誕生《たんじょう》とするなら、ヒトES細胞《さいぼう》は「人の命を奪《うば》うもの」となってしまいます。さまざまな議論《ぎろん》の結果、イタリアでは、研究を完全に禁止《きんし》しました。また、イギリスでは、禁止《きんし》されませんでした。

日本では、受精《じゅせい》して数日たった胚《はい》を人の「命の芽」ととらえ、特別な扱《あつか》いをすることになりました。つまり、大きな意義《いぎ》が見込《みこ》める場合は研究を認《みと》め、不妊治療《ふにんちりょう》で使わなくなった捨《す》てる予定の胚《はい》のみ使ってよいということになったのです。

伸弥《しんや》さんは、ある大学で、ヒトES細胞《さいぼう》を見せてもらったことがありました。

(もしかしたら、この細胞《さいぼう》は、自分の娘《むすめ》のような人間になることができたかもしれない)

娘《むすめ》の笑顔を思い浮《う》かべ、複雑《ふくざつ》な気持ちになりました。

また、ヒトES細胞《さいぼう》からつくった細胞《さいぼう》を移植《いしょく》する場合、自分の細胞《さいぼう》ではないと、拒絶反応《きょぜつはんのう》が起こります。拒絶反応《きょぜつはんのう》とは、体に異物《いぶつ》が入ったとき、細胞《さいぼう》を守るために異物《いぶつ》を攻撃《こうげき》することです。臓器《ぞうき》を移植《いしょく》した場合、移植《いしょく》した臓器《ぞうき》を異物《いぶつ》と見なして排除《はいじょ》しようとするのです。

こうしたことから、アメリカでは、ヒトES細胞《さいぼう》にはあちこちから批判《ひはん》の声があがり、助成金なども出ず、研究は苦境《くきょう》に立たされていました。

第8章 奈良先端科学技術大学院大学《ならせんたんかがくぎじゅつ》へ

●はじめて研究室をまかされる

翌年《よくねん》の一九九九年の盆休《ぼんやす》みのことです。マウスの世話のために出勤《しゅっきん》していると、突然《とつぜん》、研究室の電話が鳴りました。奈良先端科学技術大学院大学《ならせんたんかがくぎじゅつ》からでした。

「山中《やまなか》先生はおられますか」

「はい、私《わたし》です」

「すぐに来校してくれませんか。最終候補《こうほ》の二人に残っておられます。お話を聞かせてください」

「は、はい。うかがいます」

じつは、「だめだろう」と思いながら、助教授《じょきょうじゅ》（現在《げんざい》の准教授《じゅんきょうじゅ》）に応募《おうぼ》していました。

ほかの大学にも応募《おうぼ》していたのですが、すべてだめでした。さっそく、大阪《おおさか》から奈《な》良《ら》へ向かいました。

奈良《なら》先端《せんたん》科学《かがく》技術《ぎじゅつ》大学院大学は、一九九一年に開校した大学院だけの大学です。情報《じょうほう》科学、バイオサイエンス、物質《ぶっしつ》創成《そうせい》科学の三つの研究科があります。日本中から基礎《きそ》や応用の研究者が集まっています。また、全国から何百人もの学生が入ってきて研究をしていました。

場所は奈良《なら》県生駒《いこま》市です。近鉄奈良《なら》線・学園前駅から「高山サイエンスタウン」行きのバスで、約二十分ほど北に向かったところです。

(故郷《こきょう》に帰ってきたぞ。うまくいきそうだな)

学園前は、伸弥《しんや》さんが小学生時代から大学生になるまで住んでいた思い出の地です。

バスは、なだらかな丘《おか》をゆっくり登っていきます。自然が残り、緑が美しい丘《おか》の中腹《ちゅうふく》に、最先端《さいせんたん》科学研究のイメージどおりのモダンな建物が並《なら》んでいました。

バスを降《お》りて、広場に出ると、キュリー夫人、ファーブル、ニュートンなど、科

奈良《なら》先端《せんたん》科学《かがく》技術《ぎじゅつ》大学院大学の外観

学者たちの子ども時代をイメージした像《ぞう》があり、舌《した》を出したアインシュタインの顔がガラスの外壁《がいへき》に映《うつ》っていました。

太陽光が射《さ》し込《こ》む広い廊下《ろうか》を歩き、事務室《じむしつ》で採用《さいよう》を担当《たんとう》する研究者と話します。

「ノックアウトマウスをつくる技術《ぎじゅつ》をもつことが採用条件《さいようじょうけん》です」

と、担当者《たんとうしゃ》は言いました。

「つくれます。大丈夫《だいじょうぶ》です」

思わず答えました。

じつは、伸弥《しんや》さんは、ノックアウトマウスを使って実験をしていましたが、スタッフと協力してつくっていたので、まったく一人だけでつくったことはありませんでした。

しかし、ここで「つくれません」と言うと、この話はなくなってしまいます。どうしても助教授《じょきょうじゅ》にならなければ、研究は続けられません。それほど追い込《こ》まれていたのです。

こうして採用《さいよう》が決まりました。

(はじめて自分の研究室をもつことができる)

じわじわと喜びがわいてきました。

(よーし、一度、あきらめかけた研究の道、こうなったら何かおもしろい難《むずか》しいことに挑戦《ちょうせん》してみよう)

もし、マウスの世話のために休日に出勤《しゅっきん》していなかったら、電話を受けることもなく、ほかの人が採用《さいよう》されていたかもしれません。伸弥《しんや》さんは、マウスに助けられた気がしました。

●万能細胞《ばんのうさいぼう》のアイデア

(いったい、どんな研究をすれば、新人である自分の研究室に新入生を勧誘《かんゆう》できるのだろうか)

入学する学生は一二〇人。研究室を選ぶのは、学生の意志《いし》にまかされています。伸弥《しんや》さん以外の研究室のボスは、すべて教授《きょうじゅ》でした。教授《きょうじゅ》は研究室も広いし、予算も多いのです。

しかも、伸弥《しんや》さんは、「ネイチャー」や「サイエンス」という有名な科学誌《かがくし》に論文《ろんぶん》を発表していません。

実際《じっさい》、この年には、研究室に学生が一人も来なかったのです。

「学生にとってよほど魅力的な研究を考えなくては」

伸弥《しんや》さんは、悩みつづけ、ハッとひらめきました。

「そうだ、病を治すため、病で苦しんでいる患者《かんじゃ》さんの皮膚《ひふ》の細胞《さいぼう》から万能細胞《ばんのうさいぼう》をつくるんだ」

何度も言いますが、万能細胞《ばんのうさいぼう》すなわちＥＳ細胞《さいぼう》は、無限《むげん》に増《ふ》やしつづけることができ、二〇〇種類以上の細胞《さいぼう》や組織《そしき》に変えることもできます。ポイントは、皮膚《ひふ》の細胞《さいぼう》から万能細胞《ばんのうさいぼう》をつくるということです。

「心臓《しんぞう》の細胞《さいぼう》を少し分けてください」と言われて、ＯＫする人はいません。でも、皮膚《ひふ》なら分けてもらえるのではないか。

「患者《かんじゃ》さんの皮膚《ひふ》から万能細胞《ばんのうさいぼう》をつくり、移植《いしょく》できたら拒絶反応《きょぜつはんのう》も起こらない。患《かん》者《じゃ》さんが病気になる前の健康な細胞《さいぼう》ができれば……。糖尿病《とうにょうびょう》、脊髄損傷《せきずいそんしょう》、筋《きん》ジストロフィー、肝機能障害《かんきのうしょうがい》、白血病、パーキンソン病、心疾患《しんしっかん》、がんなどの治療《ちりょう》に効果《こうか》がある細胞《さいぼう》となるだろう」

　現代《げんだい》の医療《いりょう》では治せない病気を治すことができるかもしれないのです。

（すごいことや！　難病《なんびょう》で苦しんでいる患者《かんじゃ》さんのためになる。この細胞《さいぼう》があれば、動物実験も減《へ》らせるだろう）

　動物には効《き》いても、人間には効《き》かないという薬もあります。

（しかし、成功の確率《かくりつ》は低い。研究というのは、失敗の連続なのだ。失敗から学ぶことで研究は進んでいく）

　伸弥《しんや》さんのいままでの研究生活からわかったことです。

（この研究は、そんなに簡単《かんたん》なものではない。定年になるまでに発見できれば、ありがたい。自分は多くの研究者に脈々とつながる一員になれればいい。簡単《かんたん》に薬なんてできない。新しい処方《しょほう》などなかなかできるものではない。それでも、やってみる価値《かち》はあるのか？）

　自分に問いかけました。

すると、心の奥底《おくそこ》から力がわいてきました。

(だれもしないなら、自分が挑戦《ちょうせん》してみよう。それだけの価値《かち》のある研究だ)

恐《おそ》ろしいような気持ちになりました。クローン羊ドリーの誕生《たんじょう》という研究から、理論的《りろんてき》にはできることがわかっていますが、何十年もかかる難《むずか》しい研究とされていたのです。

(内臓《ないぞう》や骨《ほね》、皮膚《ひふ》といった体を構成《こうせい》する体細胞《たいさいぼう》を初期化できる遺伝子《いでんし》があるはずだ)

「初期化」というのはコンピュータの用語で、コンピュータを最初の状態《じょうたい》にもどすという意味のことばです。ここでは、体の細胞《さいぼう》をいろいろな組織《そしき》に成長する前の状《じょう》態《たい》にもどすことを表しています。

(初期化に導《みちび》く遺伝子《いでんし》は一つなのか、一〇個《こ》あるのか、一〇〇個《こ》あるのか。見つけるまでに十年、二十年、三十年、それとももっとかかるのか)

見当もつきません。けれど、もしできたら、医学に役立つ夢《ゆめ》のような研究となります。

●新たなES細胞《さいぼう》の研究

人の皮膚《ひふ》細胞《さいぼう》を使って、万能細胞《ばんのうさいぼう》をつくるというアイデアは、一九六〇年代にイギリスのガードン博士が取り組んだカエルの核《かく》の初期化がヒントになっています。もう一つヒントになったのは、アメリカ・シアトルにあるフレッドハッチンソンがん研究所のハロルド・ワイントローブ博士たちのグループの研究でした。

一九八六年、ワイントローブ博士たちは、大人《おとな》の皮膚《ひふ》やさまざまな組織《そしき》の細胞《さいぼう》の核《かく》にMyoD《マイオディー》という筋肉《きんにく》の細胞《さいぼう》の核《かく》の中にあるたんぱく質《しつ》を入れると、すべての細《さい》胞《ぼう》が筋肉《きんにく》になると発表しました。この研究を知ったとき、伸弥《しんや》さんは驚《おどろ》きました。

(ほう、たった一つの筋肉《きんにく》由来のたんぱく質《しつ》を放り込《こ》みさえすれば、さまざまな細《さい》胞《ぼう》をすべて筋肉細胞《きんにくさいぼう》に変えることができるとは！)

生命は神秘的《しんぴてき》です。この研究は、ES細胞《さいぼう》をさまざまな組織《そしき》に成長させることにつながっていました。

(これからつくろうとしている細胞《さいぼう》も、筋肉《きんにく》や神経細胞《しんけいさいぼう》、骨《ほね》などに変化させれば、

医学の役に立つ）

移籍《いせき》した翌年《よくねん》の新入生歓迎《かんげい》のプレゼンでは、アメリカで学んだプレゼン力を生かし、「体細胞《たいさいぼう》を初期化し、ES細胞《さいぼう》に似《に》た万能細胞《ばんのうさいぼう》をつくる」という、明るい夢《ゆめ》の医療《いりょう》について熱く語ったのです。難《むずか》しい研究だということには、まったくふれませんでした。希望に満ちたプレゼンに、学生たちの応募《おうぼ》が相次ぎます。

結果、女子学生二人、男子学生一人が研究室に来てくれることになりました。でも、学生たちを一から指導《しどう》する必要のあった半年間は、時間もお金もかかり、研究はいっこうに進みません。

学生三人には、それぞれ違《ちが》う実験をしてもらいました。ほかの二人は大学のころに生物学をとり、実験経験《けいけん》がありましたが、工学部出身の高橋和利《たかはしかずとし》くんは分子生物学の実験は、まったくの素人《しろうと》です。しかし、実験が大好きな青年でした。

助手などを合わせて五人体制《たいせい》で研究が始まりました。

採用条件《さいようじょうけん》だったノックアウトマウス作製《さくせい》も、助手と力を合わせて、大学との約束どおりつくることに成功しました。

まず、短期目標としてマウスES細胞《さいぼう》にしぼって、万能細胞《ばんのうさいぼう》に導《みちび》く遺伝子《いでんし》を探《さが》すことから始めました。ES細胞《さいぼう》にだけ、細胞《さいぼう》を初期化する遺伝子《いでんし》が現《あらわ》れると考えられていたからです。

アメリカで伸弥《しんや》さんが見つけたNAT1《ナットワン》遺伝子《いでんし》は、全身で現《あらわ》れているので、誘導《ゆうどう》する遺伝子《いでんし》ではありませんでした。

ES細胞《さいぼう》にだけ現《あらわ》れる遺伝子《いでんし》をしぼりこんでいきます。ES細胞《さいぼう》の遺伝子《いでんし》の一つひとつの情報《じょうほう》を調べていくのですが、これは、大変時間がかかることでした。

思いがけず窮地《きゅうち》を救ってくれたのは、コンピュータのデータベースです。理化学研究所の林崎良英《はやしざきよしひで》先生が、マウスES細胞《さいぼう》の遺伝子《いでんし》のデータを公開したのです。これでES細胞《さいぼう》にだけ現《あらわ》れる遺伝子《いでんし》をしぼりこむことができ、研究にはずみがつきました。

●実験への助け

伸弥《しんや》さんは、いまはもう一人ではありません。学生たちという強い味方とともに研究を進めていきました。

学生たちとの研究で、ポイントになる遺伝子《いでんし》を一〇〇個《こ》、見つけることができました。その遺伝子《いでんし》がどんな働きをしているのか、一つひとつ調べていき、重要そうだと判断《はんだん》されたものを候補《こうほ》に残していったのです。

二〇〇四年、ES細胞《さいぼう》にとって、とくに大切な遺伝子《いでんし》を二三個《こ》にしぼります。さらに、研究室の女子学生が重要と判断《はんだん》したKlf4《ケイエルエフフォー》遺伝子《いでんし》を一個《こ》加え、ついに二四個《こ》をつきとめました。四年の歳月《さいげつ》が流れていました。

その間、Klf4《ケイエルエフフォー》遺伝子《いでんし》を重要と判断《はんだん》した女子学生は別の研究室に移《うつ》りました。

「先生、必ず成功させてください」という言葉を残して。

「ありがとう。よく実験をがんばってくれたね」

伸弥《しんや》さんは、感謝《かんしゃ》の気持ちでいっぱいでした。先の見えない研究を信じ、コツコツ実験を続けてくれたからです。

去る学生もいれば、新しく入る学生もいます。学生たちと同じ目的のもとではげましあってがんばれたことが、支《ささ》えとなり力を与《あた》えてくれました。

ところが、ここで問題が起こりました。それまで、ずっと実験材料として使っていたのは、マウスのES細胞《さいぼう》でした。

しかし、マウスばかりを扱《あつか》うのでは、人間の治療《ちりょう》につながりません。やはりヒトES細胞《さいぼう》を使って実験する必要がありました。

ところが、奈良先端科学技術大学院大学《ならせんたんかがくぎじゅつ》では、ヒトES細胞《さいぼう》を扱《あつか》うことはできませんでした。大学院大学には医学部がなく、ヒトの細胞《さいぼう》を扱《あつか》うための倫理《りんり》委員会もなかったからです。

「なんとか倫理《りんり》委員会をつくってくれませんか」

伸弥《しんや》さんは、大学に働きかけました。

「前例がないのでね。困《こま》りました」

話が進みません。

そんなとき、京都大学再生《さいせい》医科学研究所で、再生《さいせい》医学研究についての公募《こうぼ》がありました。

再生《さいせい》医学とは、ケガや病気で失われたり働かなくなったりした組織《そしき》や臓器《ぞうき》を、細《さい》胞《ぼう》を生み出す力がある幹細胞《かんさいぼう》などを用いて、再生《さいせい》させたり、回復《かいふく》させたりしようとする学問です。

伸弥《しんや》さんは、さっそく応募《おうぼ》しました。

「人間に応用《おうよう》するためには、ここに移《うつ》るしかないぞ」

京都大学再生《さいせい》医科学研究所は、当時、日本でたった一つ、ヒトES細胞《さいぼう》の作製《さくせい》に成功した研究所でした。医学部にも近いのでヒトES細胞《さいぼう》を扱《あつか》えます。

二〇〇四年十月、京都大学から「こちらで研究してください」と声がかかり、伸《しん》弥《や》さんは万能細胞《ばんのうさいぼう》に必要な二四個《こ》の遺伝子《いでんし》とともに再生《さいせい》医科学研究所へ移籍《いせき》します。

高橋くんたちも移《うつ》ってきてくれることになりました。

しかし、与《あた》えられた部屋を見て、あせりました。

「なんや、これは？　机《つくえ》もない」

ボロボロの建物の一室だったのです。何もない部屋に立ってあたりを見まわしました。エアコンのスイッチを入れましたが、動きません。

「先生、壊《こわ》れています」

「えー、すべて、こちらで用意せなあかんのか。えらいことや」

奈良先端科学技術大学院大学《ならせんたんかがくぎじゅつだいがくいんだいがく》では、きれいな研究室にすべての実験器具が用意されていて、翌日《よくじつ》からでも実験ができました。しかし、ここでは、机《つくえ》一つから自分で用意しなくてはなりません。

「どうしたらいいのか」

途方《とほう》に暮《く》れました。助けてくれたのは、科学技術振興機構《かがくぎじゅつしんこうきこう》です。その年の予算を増《ふ》やしてくれたので、机《つくえ》や実験器具を買うことができました。スタッフたちの協力のもと、実験に必要な備品《びひん》などをそろえることができたのです。

第9章　できたぞ！　万能細胞《ばんのうさいぼう》

●意外な実験方法

いよいよ万能細胞《ばんのうさいぼう》にするための遺伝子《いでんし》を特定する実験が始まりました。伸弥《しんや》さんたちは、二四個《こ》の遺伝子《いでんし》のなかに必要な遺伝子《いでんし》があると考えていました。

遺伝子《いでんし》を特定する作業は、こうやって行いました。

まずは、遺伝子《いでんし》を運ぶウイルスを使って、一つずつ順番に皮膚《ひふ》の細胞《さいぼう》に送り込《こ》んでみます。しかし、まったく初期化は起こりませんでした。

（一個《こ》ではない。となると二四個《こ》のうち、いったいどの組み合わせの遺伝子《いでんし》によって初期化が起こるのか？）

難《むずか》しい問題です。

頭を抱《かか》えていると、四年間ともに研究してきた研究員の高橋くんが驚《おどろ》くような提《てい》案《あん》をしました。

「まあ、先生、二四個《こ》いっぺんに入れてみますから」

「えっ？　いくらなんでも、それは無理やろ」

思ってもみないことでした。じつは一つの遺伝子《いでんし》を細胞《さいぼう》に送り込《こ》んでも、取り入れてくれるのは、数千個《こ》のうち一個《こ》くらいの割合《わりあい》なのです。遺伝子《いでんし》を二つに増《ふ》やすと、さらに成功する割合《わりあい》が低くなります。

ところが、高橋くんは工学部出身です。ふつうの生物学研究者では考えられないことを言いだしたのです。

「無理やと思うけど、まあ、やってみて」

伸弥《しんや》さんは、期待していませんでした。ところが、実際《じっさい》に入れてみると、驚《おどろ》いたことに細胞《さいぼう》は初期化したのです。

「すごいぞ！　これで二四個《こ》のなかに初期化をうながす遺伝子《いでんし》があることは間違《まちが》いない」

iPS細胞誕生《さいぼうたんじょう》の立役者と呼《よ》ばれる高橋和利氏

「細胞《さいぼう》を初期化するために必要なのは、二四個《こ》のなかのどの遺伝子《いでんし》なのか？」

特定しなくてはなりません。二四個《こ》でいいのではないか、と考えるかもしれませんが、必要のない遺伝子《いでんし》を使うのでは、研究が成功したとはいえません。

遺伝子《いでんし》をしぼりこむ実験を始めました。

二四個《こ》から二個《こ》を選ぶ組み合わせは、二七六通りもあります。もし三個《こ》なら二〇二四通りもあります。かぎりないといっていいほどの組み合わせです。こんなに実験するのは無理です。

「二四個《こ》の遺伝子《いでんし》の組み合わせは気が遠くなるほどある。組み合わせごとにまともに実験を繰《く》り返していたら、こっちの寿命《じゅみょう》が終わってしまうで」

伸弥《しんや》さんが悩《なや》んでいると、

「先生、一個《こ》ずつ抜《ぬ》いていったらいいんとちがいますか」

またもや高橋くんが提案《ていあん》しました。

「えっ」

意外な意見でした。

「そうか、すごい発想や。もし、初期化に必要な遺伝子《いでんし》やったら、それを抜《ぬ》いたら、万能細胞《ばんのうさいぼう》にはならへん。やってみ」

●ついに見つかった遺伝子《いでんし》

実験の方法は、こうです。

鉛筆《えんぴつ》のような先のとがった器具をマウスの皮膚《ひふ》の表面にあてます。クルッとまわすと、数ミリメートルの皮膚片《ひふへん》がひとかけらとれます。その皮膚片《ひふへん》を直径一〇センチメートルのプラスティック容器《ようき》にちょんと張《は》りつけ、培養《ばいよう》すると、二、三週間でシャーレいっぱいに増《ふ》え、細胞《さいぼう》の数にして約一〇〇万個《こ》になります。

シャーレに二三個《こ》の遺伝子《いでんし》を放り込《こ》むと、ところどころ、全部で一〇〇カ所ほどが万能細胞《ばんのうさいぼう》に変わりました。結果、省いた遺伝子《いでんし》は、万能細胞《ばんのうさいぼう》に導《みちび》く因子《いんし》ではなかったということになります。

こうして高橋くんは、皮膚細胞《ひふさいぼう》を万能細胞《ばんのうさいぼう》に変化させる遺伝子《いでんし》四個《こ》を、一年かけて見つけました。仲弥《しんや》さんは、高橋くんについてこう思っています。

「彼《かれ》は、失敗を怖《こわ》がらない。先を見通す人は、何かをする前から結果を読んでしまい、挑戦《ちょうせん》すらしない。ところが、彼《かれ》は、とにかくやってみる。結局、失敗したとしても、いろいろ試しているうちに別の方法を見つけたりすることもある。科学者は物わかりの悪いがんこ者であることも大事だ」

伸弥《しんや》さんたちは、万能細胞《ばんのうさいぼう》に、あるたんぱく質《しつ》などを与《あた》えて、さまざまな組織《そしき》になるように誘導《ゆうどう》しました。すると、皮膚細胞《ひふさいぼう》が心筋細胞《しんきんさいぼう》になって動きだしたり、神《しん》経細胞《けいさいぼう》になったりしました。

「うわー、突起《とっき》が出ている」

顕微鏡《けんびきょう》をのぞいた伸弥《しんや》さんは、信じられない思いです。まるで木が成長し、枝《えだ》が伸《の》びるように神経細胞《しんけいさいぼう》が突《つ》き出ていくのです。ついこの前まで、皮膚細胞《ひふさいぼう》だったのに。

とうとう研究のゴールを切りました。

(ああ、なんと貴重《きちょう》な細胞《さいぼう》をつくることができたのか)

すべてのものに感謝《かんしゃ》したい気持ちになりました。

（万能細胞《ばんのうさいぼう》は未来の医療《いりょう》に必ず役に立つ。だれもしようとしなかったことを、やり遂《と》げた）

いままで歩んできた、さまざまな思いがこみあげてきました。失敗が続いたこと。結果が出ず、あせったこと。本当に結果が残せるのか不安だったこと。学生たちが熱心に実験を続けてくれたおかげで、夢《ゆめ》の細胞《さいぼう》としか考えられなかったものが、現《げん》実《じつ》に目の前にあるのです。

五年間の努力がついに実りました。これも、いっしょに研究してきた仲間たちのおかげです。最後まで粘《ねば》り強く実験を続けた高橋くんや仲間たちと、いっしょに乾《かん》杯《ぱい》をして喜び合いました。

こうして初期化をうながす四つの遺伝子《いでんし》、Oct4《オクトフォー》、Sox2《ソックスツー》、Klf4《ケイエルエフフォー》、c-Myc《シーミック》が見つかりました。

伸弥《しんや》さんは、データベースを利用したり、仲間と助け合ったりしたことで、研究は決して一人でできるものではないとあらためて知りました。

（成功のために、ほかの科学者たちの研究成果も大いに役に立った。科学者たちは、お互《たが》いの研究を発表し合うことで、科学を進展《しんてん》させていく。世界中の科学者たちは、競争しながらも、助け合って研究を続けているともいえる）

マウスから新しい万能細胞《ばんのうさいぼう》をつくったとき、伸弥《しんや》さんは悩《なや》んでいました。

「この細胞《さいぼう》にどんな名前をつけたらいいのだろうか？　覚えやすく印象に残るのは？」

高橋くんは、たずねます。

「先生、なぜ、そんなに名前にこだわるのですか」

「名前は重要だ。ＥＳ細胞《さいぼう》ということばは、アルファベット二文字で短くて覚えやすく、よく使われる」

「なるほど。そういうものですか」

「だから、ＥＳ細胞《さいぼう》のように見た目を少しでも近づけたい」

伸弥《しんや》さんは、さまざまな文字を書いていきます。やがて、うなずきました。

「そうか。この細胞《さいぼう》は英語では、誘導《ゆうどう》された（induced《インデュースト》）、多能性《たのうせい》（Pluripotent《プラリパタント》）、幹細《かんさい》胞《ぼう》（Stem cell《ステムセル》）と表される」

当時、若者《わかもの》のあいだでアップル社の「iPod《アイポッド》」「iMac《アイマック》」が人気でした。

ひらめきました。

「これだ！　iを小文字にしよう。頭文字をとって、iPSだ！　高橋くん、このネーミング、どうや？」

「おお、いいですね」

高橋くんやほかの研究員も賛成《さんせい》してくれました。

●出せなかった論文《ろんぶん》

いよいよ論文《ろんぶん》を発表しようとしたときです。大変な問題が起こりました。

二〇〇五年、韓国《かんこく》の黄禹錫《ファンウソク》教授《きょうじゅ》（ソウル大学獣医科《じゅういか》大学元教授《もときょうじゅ》）が発表していた「ヒトクローン胚《はい》から世界ではじめてES細胞《さいぼう》をつくった」という論文《ろんぶん》がウソだとわかり、世界中で大問題となったのです。

このスキャンダルの煽《あお》りを受け、自分たちの論文《ろんぶん》を出したくても出せない状況《じょうきょう》になりました。さらに十分に準備《じゅんび》に時間をかけて、しっかりしたデータを出す必要があると判断《はんだん》し、発表を控《ひか》えました。

四つの遺伝子《いでんし》は、極秘《ごくひ》にされたのです。伸弥《しんや》さんは、情報《じょうほう》がもれたり、だれかに先を越《こ》されたりするのではないかと、内心、ひやひやしていました。そして、たしかに再現《さいげん》できるという自信をもつまで、何度も何度も実験を重ねたのです。

ついに、二〇〇六年八月にiPS細胞作製《さいぼうさくせい》の論文《ろんぶん》が「セル」に掲載《けいさい》されました。伸弥《しんや》さんたちは、新聞の一面にとりあげられるものと思い込《こ》んでいました。

(あー、なんだ、これは)

ところが、当日の一面には、ロンドンで起こった旅客機テロ未遂《みすい》事件のニュースが載《の》り、iPS細胞《さいぼう》のニュースは片隅《かたすみ》に追いやられました。がっかりです。

その後、アメリカのコールド・スプリング・ハーバー研究所が主催《しゅさい》した研究会でiPS細胞《さいぼう》がとりあげられました。この研究所は、百年以上の歴史をもつ生物学、医学研究の拠点《きょてん》です。当時はDNA二重らせん構造《こうぞう》の発見者の一人、ジェイムズ・ワトソン先生が会長(二〇〇七年まで)をしていました。

四、五日間連続の研究会で、しかも研究所はニューヨークからかなり離《はな》れた場所にあるため、研究者は近くに宿泊《しゅくはく》しています。夜九時をまわると、バーにくりだしてお酒を飲む人も多く、伸弥《しんや》さんも行ってみました。すでに人でいっぱいで、近寄《ちかよ》ってみると、

「四個《こ》でできるなんてありえない」

「おかしい」

研究者のことばが聞こえてきました。iPS細胞《さいぼう》がどういうものか、本当にあるとは、まだ認《みと》めてもらえていなかったのです。

(大変だ。一人ひとりに説明しなくては。四個《こ》でできるということを)

伸弥《しんや》さんは、研究者たちに酒を注ぎながらバーをまわりました。

「どうぞ、飲んでください」

「オー、サンキュー」

「ところで、iPS細胞《さいぼう》は再現《さいげん》できます。ぜひ、あなたの研究所でiPS細胞《さいぼう》をつくってみてください」

頼《たの》み込《こ》みます。

しかし、いい反応《はんのう》はありませんでした。というのも、「セル」に発表された論文《ろんぶん》には、iPS細胞《さいぼう》からのマウスの誕生《たんじょう》は報告《ほうこく》されていなかったからです。

そのため研究者のあいだでは、こうささやかれていました。

「皮膚《ひふ》細胞《さいぼう》からできたiPS細胞《さいぼう》と受精卵《じゅせいらん》からできたES細胞《さいぼう》は、似《に》ているが違《ちが》うものではないか」

「そうだ。マウスが誕生《たんじょう》していないんだから、怪《あや》しいものだよ」

しかし、その後、京都大学iPS細胞《さいぼう》研究センター（当時）の研究員が、全身、iPS細胞《さいぼう》からできたマウスをつくることに成功しました。研究をまとめた論文は「ネイチャー」に掲載《けいさい》されました。

半年後には、マサチューセッツ工科大学（MIT）やハーバード大学のグループも、iPS細胞《さいぼう》からマウスを誕生《たんじょう》させることに成功し、論文《ろんぶん》の正しさが証明《しょうめい》されたのです。

●論文《ろんぶん》の同日発表

いよいよ人間の細胞《さいぼう》で・iPS細胞《さいぼう》を開発する競争の始まりです。伸弥《しんや》さんたちは、人間の皮膚細胞《ひふさいぼう》に同じ四つの因子《いんし》を入れ、ヒト・iPS細胞《さいぼう》という万能細胞《ばんのうさいぼう》をつくることができました。

研究グループはヒト・iPS細胞《さいぼう》についてさらにデータを積み重ね、心臓《しんぞう》、肝細《かんさい》胞《ぼう》、皮膚《ひふ》、神経《しんけい》、骨《ほね》、血管を人工的につくることにも成功しました。これで将来的《しょうらいてき》には、人間の治療《ちりょう》に役立てることができるはずです。

あとは、論文《ろんぶん》発表です。信頼《しんらい》できる論文《ろんぶん》を発表しようと準備《じゅんび》する日々を送っていました。

伸弥《しんや》さんが、アメリカに行ったときです。

「ヒト・iPS細胞《さいぼう》に関する論文《ろんぶん》をアメリカの科学者が発表するらしい」

という情報《じょうほう》が入りました。

伸弥《しんや》さんは帰国の航空機内で、急いで論文《ろんぶん》を完成させ、「セル」に投稿《とうこう》しました。

雑誌《ざっし》の編集者《へんしゅうしゃ》は、アメリカから電話で質問《しつもん》してきます。時差のため、日本では真夜中です。

昼も仕事を休むわけにはいきません。伸弥《しんや》さんは、くたくたでした。

二〇〇七年十一月二十日、ようやく伸弥《しんや》さんのヒト·iPS細胞《さいぼう》開発についての論《ろん》文《ぶん》が「セル」電子版《でんしばん》に掲載《けいさい》されることになりました。すると、トムソン教授《きょうじゅ》からメールが届《とど》きました。

「シンヤ、負けたのは残念だが、相手がきみでよかった」

トムソン教授《きょうじゅ》はヒトES細胞《さいぼう》を作製《さくせい》した人で、ヒト·iPS細胞《さいぼう》の論文《ろんぶん》も発表する予定でした。しかし、伸弥《しんや》さんが一日早く発表することになったので、メールをくれたのです。

結局、「サイエンス」も一日早く電子版《でんしばん》で発表し、二人は同時発表となりました。

「ええっ、まさか！　こんなことがあるのか！　しかし、トムソン教授《きょうじゅ》たちはすごい人たちだ。彼《かれ》らは独自の方法で因子《いんし》を見つけた」

ヒト·iPS細胞《さいぼう》をつくることができたことから、伸弥《しんや》さんは、毎年、ノーベル賞の候補《こうほ》にあがるようになります。

伸弥《しんや》さんがヒトiPS細胞《さいぼう》をつくったと発表したことで、世界が注目し、さらに研究競争が激《はげ》しくなることが目に見えていました。

そこで京都大学内に、二〇〇八年一月、iPS細胞《さいぼう》に特化した研究組織《そしき》、iPS細胞《さいぼう》研究センターを立ち上げます。当初は専用の建物はなく、さまざまな場所にある研究室を行き来しなければなりませんでした。

二年後の二〇一〇年二月、ようやく地上五階、地下一階の研究棟《けんきゅうとう》が完成し、四月、京都大学iPS細胞《さいぼう》研究所（CiRA《サイラ》）として独立《どくりつ》しました。

伸弥《しんや》さんが所長となり、約一二〇人の研究者・研究支援《しえん》スタッフが集まってスタートしたのです。アメリカの研究所のように壁《かべ》をはずし、研究者が交流できるオープンラボの実験室をつくりました。

京都大学iPS細胞《さいぼう》研究所では、京都大学医学部附属《ふぞく》病院やほかの多くの病院の患者《かんじゃ》さんの協力を得て、ヒトiPS細胞《さいぼう》を作製《さくせい》するなど、医療《いりょう》のために研究を続けています。

iPS細胞《さいぼう》の研究に特化した京都大学iPS細胞《さいぼう》研究所CiRA《サイラ》（2010年2月竣工《しゅんこう》）

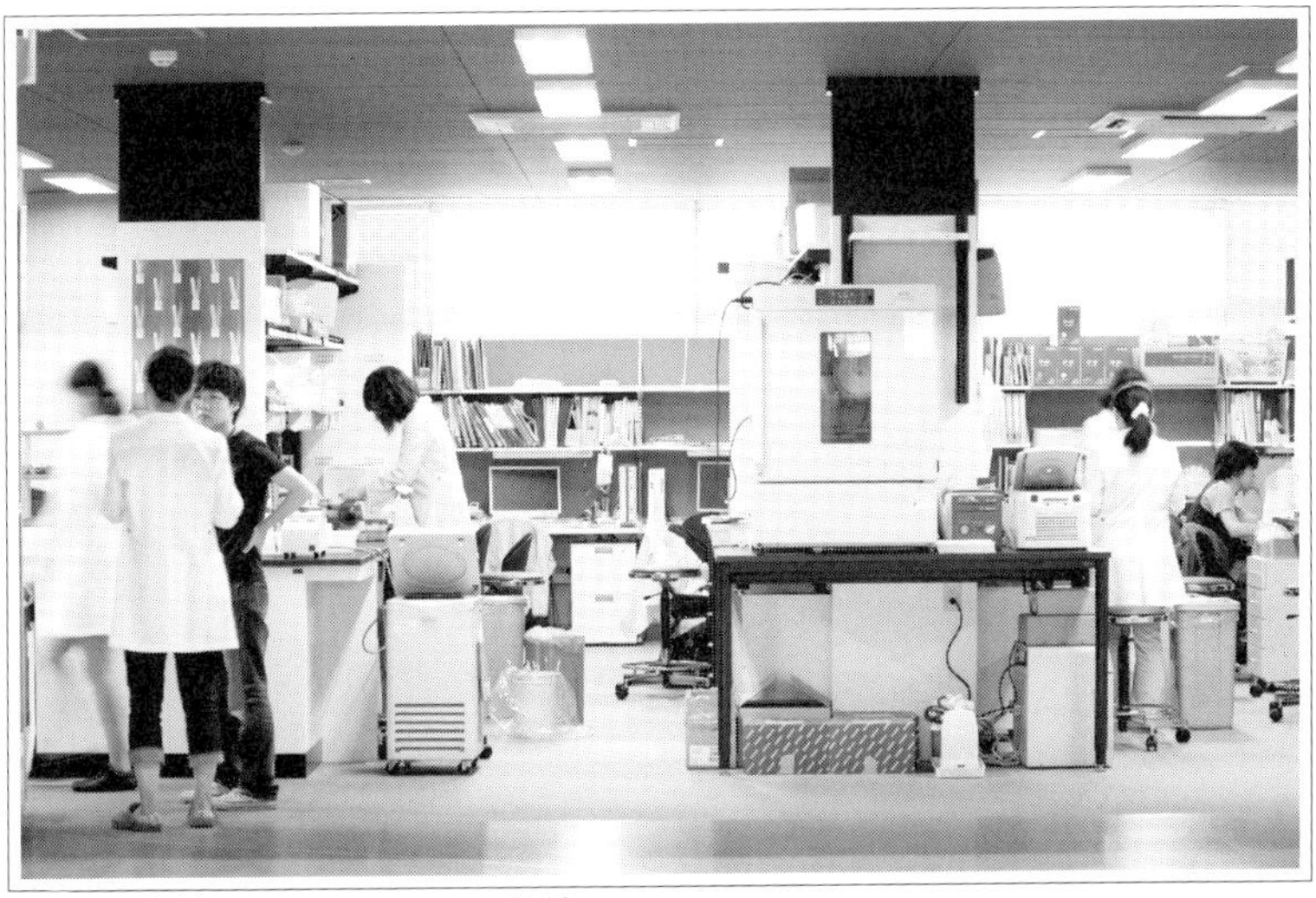

CiRA《サイラ》の研究棟《けんきゅうとう》ではオープンラボが採用《さいよう》されている

一般《いっぱん》公開されているCiRA《サイラ》のギャラリースペース（日曜・祝日は除《のぞ》く）

第10章　iPS細胞《さいぼう》の可能性《かのうせい》

●難病患者《なんびょうかんじゃ》さんの役に立ちたい

二〇〇九年十一月、京都大学iPS細胞《さいぼう》センター（現在《げんざい》の京都大学iPS細胞《さいぼう》研究所）で、伸弥《しんや》さんは難病《なんびょう》の少年とそのお母さんを待っていました。

小学六年生の少年は、進行性骨化性線維異形成症《しんこうせいこっかせいせんいいけいせいしょう》（FOP《エフオーピー》）を患《わずら》っていました。全身の筋肉《きんにく》が骨《ほね》に置き換《か》わる難病《なんびょう》です。できた骨《ほね》が邪魔《じゃま》をして、手足の関節の動く範囲《はんい》が狭《せま》くなり、体が徐々《じょじょ》に動かなくなっていきます。転んだり、ケガをしたりすると、新しい骨《ほね》ができ、病気が急激《きゅうげき》に進行することもあります。遺伝子《いでんし》の異常《いじょう》で起こるのです。原因《げんいん》となる遺伝子《いでんし》は特定されたものの、現在《げんざい》、治療法《ちりょうほう》、治療薬《ちりょうやく》はまだ見つかっていません。

少年は、小学三年生のとき、体育の授業《じゅぎょう》で鉄棒《てつぼう》から落ち、背中《せなか》を強く打ちました。当初、お母さんは、簡単《かんたん》に考えていました。しかし、背中《せなか》にはでこぼこの腫《は》れができ、強い痛《いた》みがいつまでも続きます。

「お母さん、いたいよ、いたい」

苦しむ少年を見てお母さんは、驚《おどろ》きました。

「これは、おかしい。診《み》てもらわなくては」

二人は、病院をいろいろまわりましたが、原因《げんいん》は不明でした。痛《いた》みはおさまりません。最初にかかった病院で徹底的《てっていてき》に検査《けんさ》をしてもらい、FOP《エフオーピー》だとわかりました。

二〇〇万人に一人の確率《かくりつ》で発生するといわれている難病《なんびょう》だったのです。患者数《かんじゃ》が少ないため、研究はほとんどされていません。治療法《ちりょうほう》はないので、痛《いた》みが出たときには湿布《しっぷ》を貼《は》るか、痛《いた》み止めを飲むしかありません。そんなとき、少年は京都大学がiPS細胞《さいぼう》を使った難病《なんびょう》研究を始めることを知りました。

（FOP《エフオーピー》も治せるかもしれない。自分ががんばらないと、研究が進まない）

少年とお母さんは、伸弥《しんや》さんに面会を申し込《こ》み、「FOP《エフオーピー》を研究してほしい」と訴《うった》えました。

「iPS細胞《さいぼう》を使い、手探《てさぐ》りですが、研究をさせてもらいたい。治療薬《ちりょうやく》をつくるため、みんなで力を合わせて、最大限《さいだいげん》の努力をします」

伸弥《しんや》さんのことばを聞くと、少年は、自分の皮膚《ひふ》の一部をiPS細胞《さいぼう》センターに提供《ていきょう》すると申し出ました。FOP《エフオーピー》の進行は予測《よそく》がつきません。ケガをしたりすると進行してしまう可能性《かのうせい》があるなか、皮膚《ひふ》を提供《ていきょう》するために腕《うで》にメスを入れることは、かなりリスクがありました。

それでも少年は、研究を進めてもらいたいと、リスクを背負《せお》う覚悟《かくご》を決めたのです。もしも、肘《ひじ》の関節が骨化《こっか》すると、腕《うで》を曲げることができなくなります。あごの関節が骨化《こっか》した場合、噛《か》むことができなくなります(二〇一六年十二月現在《げんざい》、少年の体中に骨《ほね》ができ、いままでできたこともできなくなってきました。あごの関節が骨化《こっか》し、口を開けることもできなくなりました)。

「体がまったく動かなくなる前に、薬をつくってほしい」

少年の心の叫《さけ》びです。

二〇一三年十二月、京都大学iPS細胞《さいぼう》研究所はFOP《エフオーピー》の患者《かんじゃ》さんのiPS細胞《さいぼう》をつくり、病気の状態《じょうたい》を実験用の培養皿《ばいようざら》の中で再現《さいげん》することに成功したと発表しました。FOP《エフオーピー》は、遺伝子《いでんし》の変異《へんい》から起こるのですが、現在《げんざい》は、その遺伝子《いでんし》の変異《へんい》を修復《しゅうふく》した細胞《さいぼう》をつくることにも成功しています。再現《さいげん》された病気の細胞《さいぼう》と遺伝子《いでんし》の変異《へんい》を修復《しゅうふく》した細胞《さいぼう》をくらべることで、病気の原因《げんいん》を調べることができます。

薬の候補《こうほ》となる物質《ぶっしつ》を病気の状態《じょうたい》の細胞《さいぼう》に加えることで、骨《ほね》ができるのを防《ふせ》ぐ薬を見つけようとしています。

伸弥《しんや》さんは、iPS細胞《さいぼう》を使って、大学発の薬をつくりたいと願っています。患《かん》者《じゃ》さんの数が少ない難病《なんびょう》の場合、企業《きぎょう》では採算《さいさん》があわず、薬をつくりにくいのです。しかし、大学ではできます。人数が少ないからといって研究もされず、薬もなく治《ち》療法《りょうほう》もないというのでは、医学の発展《はってん》はありません。

研究者たちは、なんとか、患者《かんじゃ》さんや家族の方たちの願いに報《むく》いたいとはげんでいます。iPS細胞《さいぼう》は、治療方法《ちりょうほうほう》のなかった難病患者《なんびょうかんじゃ》さんの希望をつないでいます。

第11章　iPS細胞《さいぼう》はだれのもの？

●患者《かんじゃ》さんのための特許《とっきょ》

「なんとしても、京都大学が特許《とっきょ》を押《お》さえなければ」

伸弥《しんや》さんは心に決めていました。特許《とっきょ》とは、世界で最初に新しい発見をしたと国に認《みと》められた場合、その技術《ぎじゅつ》や物質《ぶっしつ》を自分だけが扱《あつか》えるという権利《けんり》なのです。

二〇〇七年十一月、ヒトiPS細胞《さいぼう》の作製《さくせい》に成功したことで、世界中でiPS細《さい》胞《ぼう》技術《ぎじゅつ》についての特許《とっきょ》の取り合いが始まりました。

もし、特許《とっきょ》が他人の手に渡《わた》った場合、iPS細胞《さいぼう》を使った研究に高い技術料《ぎじゅつりょう》を求められるかもしれません。iPS細胞《さいぼう》を使ってできた薬に、驚《おどろ》くほど高価《こうか》な値段《ねだん》がつけられるかもしれません。伸弥《しんや》さんのめざしている、だれもが受けられる医療《いりょう》ではなくなってしまいます。

京都大学は公的機関の研究者には無償《むしょう》で、企業《きぎょう》なら最大でも数百万円で、だれでもiPS細胞《さいぼう》をつくることができるように特許《とっきょ》を公開する方針《ほうしん》を固めていました。

そこで、二〇〇八年六月、iPS細胞《さいぼう》研究センターに特許《とっきょ》に関する仕事をする部《ぶ》署《しょ》が設置《せっち》されました。室長は、製薬会社《せいやく》で特許《とっきょ》に関することを専門《せんもん》にしていた女性《じょせい》です。製薬《せいやく》会社を退社《たいしゃ》して、センターに来てくれたのです。

十二月、伸弥《しんや》さんは、ヒトiPS細胞作製《さいぼうさくせい》から一年たったことから記者会見を開き、難病《なんびょう》のお子さんをもつお母さんから寄《よ》せられたことばを紹介《しょうかい》しました。

「難《むずか》しいとは思いながらも、『いつかはきっと治す方法が見つかる』と娘《むすめ》をはげましてきたが、iPS細胞《さいぼう》の研究を知って希望をもつようになった」

また、「父の病を治してください」と北海道からかけつけた女性《じょせい》の話など、難病《なんびょう》の患者《かんじゃ》さんや家族から寄《よ》せられる期待の大きさを受け、

「いちばん大事なのは、患者《かんじゃ》さんの役に立つことです。実用化に向け、安全で扱《あつか》いやすいiPS細胞《さいぼう》をつくる技術《ぎじゅつ》を確立《かくりつ》することです。そのために、なんとしても特《とっ》

許《きょ》を取ります」

と、決意を述《の》べました。

●裁判《さいばん》で争う？

特許《とっきょ》に関する専門家《せんもんか》チームは、アメリカでの特許申請《とっきょしんせい》がうまくいくかどうか心配していました。

ヒトiPS細胞《さいぼう》の論文《ろんぶん》の発表は、ウィスコンシン大学のトムソン博士と同日でした。その後、いくつかの研究機関からも、ヒトiPS細胞《さいぼう》の作製《さくせい》に成功したという報告《ほうこく》が相次いだからです。

「特許《とっきょ》の出願は、だれがいちばん早かったのか」

世界中の関心を集めました。

特許《とっきょ》は出願から一年半たたないと公開されません。じりじりしながら、待っていました。いよいよ公開されると、なんと四つの研究機関がほぼ半年以内に出していました。こうなると、どの機関が、もっとも早く発明したかという争いに発展《はってん》する可能性《かのうせい》があります。

じつは、アメリカのベンチャー会社が、ヒトｉＰＳ細胞《さいぼう》は自分たちがいちばん早くつくっていたのだ、と主張《しゅちょう》しました。ベンチャー会社はマウスｉＰＳ細胞《さいぼう》をつくる方法を人間に応用《おうよう》し、先につくったというのです。

伸弥《しんや》さんたちは、こう言いました。

「あなたがたは、私《わたし》たちがつくったマウスのｉＰＳ細胞作製《さいぼうさくせい》方法を真似《まね》しただけでしょう」

しかし、相手は返します。

「いいえ、マウスはマウス、ヒトはヒトですから。私《わたし》たちは独自《どくじ》に開発したのです」

譲《ゆず》りません。こうなると、どちらが先につくっていたかをアメリカの裁判《さいばん》で争うことになります。しかし、裁判《さいばん》には莫大《ばくだい》な費用がかかり、研究者たちはアメリカまで出向いて証言《しょうげん》をしなければなりません。そうなれば研究にも差し障《さわ》りが出てきます。相手にとっても同じです。

二〇一〇年十二月、伸弥《しんや》さんたちは、アメリカのベンチャー会社に日本に来てもらい、直接《ちょくせつ》、話し合うことにしました。その結果、「山中《やまなか》先生の発明に敬意《けいい》を表して、特許《とっきょ》をすべて京都大学に譲《ゆず》りたい」という申し出がありました。条件《じょうけん》を話し合い、二〇一一年一月二十七日、特許譲渡契約《とっきょじょうとけいやく》を締結《ていけつ》することができました（口絵参照）。

「よかった。これで、iPS細胞《さいぼう》は独占《どくせん》されない」

ホッとしてうれしさがこみあげてきました。伸弥《しんや》さんは、特許《とっきょ》に関する部署《ぶしょ》の働きに感謝《かんしゃ》しました。アメリカのベンチャー会社は、京都大学から「iPS細胞作製《さいぼうさくせい》技術《ぎじゅつ》を使っていい」という許可《きょか》を受け、現在《げんざい》も新薬開発に挑戦《ちょうせん》しています。

京都大学は、現在《げんざい》、三〇の国と一地域《ちいき》で基本特許《きほんとっきょ》を保有《ほゆう》しています（二〇一六年三月）。ふつう、特許《とっきょ》は利益《りえき》を独占《どくせん》するためにある、と考えられています。しかし、伸弥《しんや》さんは「一部の企業《きぎょう》に独占《どくせん》されるのを防《ふせ》ぐために取った」と述《の》べています。つまり「公のための特許《とっきょ》」です。特許《とっきょ》の問題は、研究者だけでは解決《かいけつ》できません。特許《とっきょ》に関する専門家《せんもんか》たちは、現在《げんざい》も、ひきつづき特許《とっきょ》を取りつづけています。

第12章 ノーベル賞受賞

●喜びの会見

二〇一二年十月八日は「体育の日」で研究所は休みでした。夕方、六時過《す》ぎのことです。伸弥《しんや》さんが、家で洗濯機《せんたくき》の修理《しゅうり》をしていたとき、一本の電話がかかってきました。

ノーベル賞選考委員会からでした。ノーベル賞は、ダイナマイトを発明したアルフレッド・ノーベルの遺言《ゆいごん》に基《もと》づき、世界で最初につくられた国際的《こくさいてき》な賞です。百年以上の歴史があり、厳《きび》しい審査《しんさ》によって選ばれることでも有名です。そのため、世界でもっとも価値《かち》がある賞といわれています。

選考委員会は、伸弥《しんや》さん本人であることを確認《かくにん》すると、こう続けました。

『成熟《せいじゅく》した細胞《さいぼう》を、多能性《たのうせい》をもつ細胞《さいぼう》へと初期化できることを発見した』という業績《ぎょうせき》で、あなたにノーベル生理学・医学賞を授与《じゅよ》することになりました。共同受賞者は、ジョン・ガードン卿《きょう》です」

「サンキュー、サンキュー」

受賞の知らせを受け、伸弥《しんや》さんは、そう答えるのが精《せい》いっぱいでした。

（まさか、こんなに早く受賞するなんて）

心の準備《じゅんび》ができていなかったのです。ちょうど家にいた知佳《ちか》さんと二人で、ぼうぜんとしてしまいました。

ｉＰＳ細胞《さいぼう》研究所では、「ノーベル賞はいつか受賞するだろうが、今年ではないかもしれない」という意識《いしき》が職員《しょくいん》にありました。じつは、当時、日本のライフサイエンス部門には、ノーベル賞候補者《こうほしゃ》が多くいたのです。

ｉＰＳ細胞作製技術《さいぼうさくせいぎじゅつ》を発明してわずか六年。ｉＰＳ細胞《さいぼう》は、難病《なんびょう》の原因《げんいん》の解明《かいめい》、薬の毒性《どくせい》の検査《けんさ》、新しい治療法《ちりょうほう》や薬の開発に新たな道を開きつつありますが、まだ医療《いりょう》に応用《おうよう》されているわけではありません。実際《じっさい》に医療《いりょう》に応用《おうよう》した時点で受賞するのではないか、といわれていました。

ところが、予想は見事にはずれました。約五十年前、カエルを使って核《かく》のリセット（初期化）に成功したガードン博士との同時受賞となったのです。つまり、ガードン博士は、五十年間も待たされたともいえます。

さあ、大変です。記者会見は、夜八時から京都大学本部棟《ほんぶとう》大会議室で行われることになりました。大阪《おおさか》から京都に車で来た伸弥《しんや》さんをカメラにおさめようと、報道《ほうどう》陣《じん》が並《なら》んでいます。

翌朝《よくあさ》の会見では、妻《つま》の知佳《ちか》さんも同席しました。伸弥《しんや》さんは、疲《つか》れも見せず、

「受賞につながったのは、学生さんや仲間に恵《めぐ》まれたことです。感謝《かんしゃ》すると同時に、iPS細胞《さいぼう》を使った医療《いりょう》を世界の多くの方たちに届《とど》けるという責任《せきにん》を痛感《つうかん》していま す」

と述《の》べました。

知佳《ちか》さんが、

「夫を、どのようにサポートしていってていいか、わからないときもありました。ふ

だんはいそがしいですが、休みの日は家族のために働いてくれるふつうの夫です」

とほほえむと、嵐《あらし》のようにフラッシュがたかれました。

その後、取材の申し込《こ》みが殺到《さっとう》し、お祝いの花や品物が次々に研究所や家に届《とど》けられます。

「ほお、ノーベル賞とは、なんと、すごい賞なんだ。iPS細胞《さいぼう》の研究だけでは、これほど早い受賞はなかっただろう。ガードン博士の研究があったからこそ、今回の受賞につながった。iPS細胞《さいぼう》は医学の常識《じょうしき》をくつがえすほど画期的な研究だということを評価《ひょうか》してくれたわけだ」

伸弥《しんや》さんは、あらためてノーベル賞の重大さ、自分の行動に対する責任《せきにん》を重く受けとめたのです。

●いざ、ストックホルムへ！

二〇一二年十二月はじめ、伸弥《しんや》さんは授賞式《じゅしょうしき》に出席するため、家族とともにスウェーデンの首都、ストックホルムを訪《おとず》れました。澄《す》みきった冷気のなか、白やクリーム色などに塗《ぬ》られた外壁《がいへき》の建物の屋根から、煙突《えんとつ》が空に向かって突《つ》き出ています。クリスマスマーケットが道路や広場に並《なら》んでいました。

(まるで絵本に出てくる街にまぎれこんだようだ)

十二月七日、ストックホルムのカロリンスカ研究所の講堂《こうどう》は人であふれかえり、大型スクリーンを備《そな》えたとなりの講義室《こうぎしつ》も満杯《まんぱい》になるほどでした。講堂《こうどう》では、生理学・医学賞を共同受賞したガードン博士といっしょに講演《こうえん》が行われます。

二人は、期待のこもった温かい笑顔に迎《むか》えられました。若《わか》いころの師《し》たちや自然との出会い、iPS細胞《さいぼう》をつくるヒントになった研究などについての伸弥《しんや》さんの講《こう》演《えん》に大きな拍手《はくしゅ》が送られました。

授賞式《じゅしょうしき》が行われたのは十二月十日です。ストックホルムのコンサートホールで行われました。授賞式《じゅしょうしき》は、正装《せいそう》した約一七〇〇人の出席者を集め、オーケストラの生《なま》演奏《えんそう》のなか、荘厳《そうごん》な雰囲気《ふんいき》で始まります。

ファンファーレが響《ひび》き、グスタフ国王から各賞受賞者にメダルと賞状《しょうじょう》が渡《わた》されました。母も、父のかたみの時計をしてきてくれています。

(父も喜んでくれているだろう)

午後七時から、近くの市庁舎《しちょうしゃ》の「青の間」に場所を移《うつ》して晩餐会《ばんさんかい》が行われました。大理石でできた階段《かいだん》を、次々と受賞者たちが二階からゆっくり下りてきます。伸弥《しんや》さんも、マデレーン王女をエスコートしながら続きます。

(つまずいては、大変だ)

緊張《きんちょう》して、つい下を向き、足元ばかり見てしまいました。

晩餐会《ばんさんかい》の出席者は一三〇〇人ほどもいます。伸弥《しんや》さんは、知佳《ちか》さんとともに、貴《き》賓席《ひんせき》である広間中央の長机《ながづくえ》の席につきました。同じ机《つくえ》にほかの受賞者たち、国王一家や政治家《せいじか》たちも座《すわ》ります。

国王がシャンパンを掲《かか》げ、ノーベルを讃《たた》える乾杯《かんぱい》をします。乾杯《かんぱい》が終わるとウエイターやウエイトレスが食事をもって二階から並《なら》んで下りてきて、給仕をします。メニューは、スープに前菜、パン、メインの料理は一〜二品、そしてデザートです。

そのあいだに、歌や演劇《えんげき》などのエンターテインメントが披露《ひろう》されます。受賞者は各部門を代表して謝辞《しゃじ》を述《の》べます。

晩餐会《ばんさんかい》のあとは、市庁舎《しちょうしゃ》の「黄金の間」で舞踏会《ぶとうかい》となりました。市庁舎《しちょうしゃ》から出た直後のインタビューに、伸弥《しんや》さんはこう答えています。

「これで、私《わたし》にとってノーベル賞も過去《かこ》になった。これからは研究を第一に一生懸《いっしょうけん》命《めい》やっていきたい」

笑顔がひきしまった表情《ひょうじょう》に変わりました。あらためて、iPS細胞《さいぼう》を人の医療《いりょう》に役立てたいという願いに向かって進むことを誓《ちか》いました。

ノーベル賞受賞はうれしかったのですが、伸弥《しんや》さんは、授賞式《じゅしょうしき》のあと、メダルをある場所にしまいました。次にメダルを見るのは、iPS細胞作製技術《さいぼうさくせいぎじゅつ》で患者《かんじゃ》さんを救うことができるようになったときと決めているからです。

第13章　希望をつなげ！　届《とど》けろ！　患者《かんじゃ》さんたちへ

●iPS細胞《さいぼう》を使った治療応用《ちりょうおうよう》への道

「ああ、どうして？　なぜ、この子が」

いまから二十五年ほど前のことです。

アメリカ・マサチューセッツ州のボストン小児病院で、生後六カ月の息子を抱《だ》きしめる父親がいました。

息子がＩ型糖尿病《とうにょうびょう》と診断《しんだん》されたのです。Ｉ型糖尿病《とうにょうびょう》というのは、自分の体が間違《まちが》って膵臓《すいぞう》の中にある細胞《さいぼう》を攻撃《こうげき》し、インスリンというホルモンを出すことができなくなる病気です。

インスリンが出なければ、血液《けつえき》中の糖《とう》が吸収《きゅうしゅう》されず、糖《とう》が血管をボロボロにして動脈硬化《こうか》が起こります。その結果、腎臓病《じんぞうびょう》、心臓病《しんぞうびょう》、目の網膜症《もうまくしょう》などの病気になってしまうのです。

Ｉ型糖尿病《とうにょうびょう》は、子どもがかかることが多いのですが、生後六カ月というのは、ボストン小児病院の百二十二年の歴史のなかでも最年少でした。これからは、毎日五回、インスリン注射《ちゅうしゃ》をし、血糖値《けっとうち》の変化を注意深く観察しなくてはなりません。治療法《ちりょうほう》はありません。

「私《わたし》は、この子の糖尿病《とうにょうびょう》を治すために人生をかけよう」

じつは、この父親は研究者でした。当時、カエルの発生について研究していましたが、すぐに研究の目的を幹細胞《かんさいぼう》に変えました。腕《うで》のなかで眠《ねむ》る赤ちゃんを見つめながら決意したのです。

まずはＥＳ細胞《さいぼう》を研究材料とします。伸弥《しんや》さんの発表のあとは、ｉＰＳ細胞《さいぼう》も使って研究を続けました。その結果、二〇一四年、膵臓《すいぞう》の中のインスリンを出す細胞《さいぼう》を、ＥＳ細胞《さいぼう》とｉＰＳ細胞《さいぼう》からつくりだすことに成功しています。

細胞《さいぼう》をマウスに移植《いしょく》したところ、高血糖症状《こうけっとうしょうじょう》がおさまりました。論文《ろんぶん》は「セル」

に掲載《けいさい》されました。

現在《げんざい》、父親はハーバード幹細胞《かんさいぼう》研究所の教授《きょうじゅ》として、人間の治療《ちりょう》に応用《おうよう》する研究に懸命《けんめい》に取り組んでいます。

「iPS細胞《さいぼう》という技術《ぎじゅつ》を使って、薬をつくったり、病気の原因《げんいん》をつきとめたり、治療法《ちりょうほう》を考えたりして、患者《かんじゃ》さんのもとに届《とど》けるという使命がある」

伸弥《しんや》さんは、強い思いを抱《いだ》いています。

現在《げんざい》、京都大学では、おもに「iPS細胞《さいぼう》の謎《なぞ》を解《と》き、iPS細胞《さいぼう》をストックする」ことに力をつくしています。

iPS細胞《さいぼう》をつくる技術《ぎじゅつ》は、二〇〇六年に発表したときのつくり方とくらべ、どんどん進化しています。当時使っていた四つの遺伝子《いでんし》のうち、c-Myc《シーミック》はがん遺伝子《いでんし》でした。これでは、iPS細胞《さいぼう》ががんになるかもしれません。そこで、c-Myc《シーミック》を使わず、L-Myc《エルミック》というがん遺伝子《いでんし》ではないものを入れてつくることに成功しました。

また、皮膚《ひふ》細胞《さいぼう》では一針縫《ひとはりぬ》わなくてはいけないため、血液《けつえき》の細胞《さいぼう》からｉＰＳ細胞《さいぼう》をつくることもできました。

二〇一三年から「再生医療用《さいせいいりょうよう》ｉＰＳ細胞《さいぼう》のストック」を始めています。患者《かんじゃ》さんの皮膚《ひふ》の細胞《さいぼう》からｉＰＳ細胞《さいぼう》をつくると拒絶反応《きょぜつはんのう》は出ません。しかし、多額《たがく》の費用と時間がかかってしまいます。

そこで、多くの人と免疫《めんえき》の型があう健康な人のｉＰＳ細胞《さいぼう》をストックすることにしました。患者《かんじゃ》さんと型があえば、拒絶反応《きょぜつはんのう》が起こりにくいと考えられています。

また、京都大学で取り組んでいる再生医療《さいせいいりょう》の分野では、パーキンソン病の臨床応用《りんしょうおうよう》が近づいています。

パーキンソン病になると、脳《のう》の中にある神経細胞《しんけいさいぼう》が失われ、脳《のう》からうまく指令を出すことができません。そのため、全身の筋肉《きんにく》が動かせなくなったり、体がふるえたり、動きがゆっくりになったりします。そこで、ｉＰＳ細胞《さいぼう》からつくった神経細胞《しんけいさいぼう》を脳《のう》に移植《いしょく》することで、病気が悪化しないようにしようとしています。

同時に、ｉＰＳ細胞《さいぼう》で病気の状態《じょうたい》を再現《さいげん》し、薬をつくる研究も行っています。

薬をつくるという点で、京都大学では、生まれつき成長軟骨《なんこつ》がきちんとできないという病気について研究しています。

患者《かんじゃ》さんは、背《せ》が伸《の》びないので苦しんでいます。そこで患者《かんじゃ》さんの細胞《さいぼう》からつくったiPS細胞《さいぼう》で病気を再現《さいげん》し、病気の細胞《さいぼう》に薬を使うと、きれいな軟骨《なんこつ》をつくることができました。

いま、その薬の実用化に向けて研究が行われています。ほかにも血液疾患《けつえきしっかん》、がんなど、さまざまな分野の研究が続けられています。

●iPS細胞《さいぼう》のさまざまなアプローチ

京都大学だけではなく、国内外の多くの大学や研究所、企業《きぎょう》の研究員と研究支援《しえん》員《いん》たちが、ケガや病気で失った機能《きのう》をとりもどすための再生医療《さいせいいりょう》に取り組んでいます。再生医療《さいせいいりょう》とは、いままで治らないとされた病を細胞《さいぼう》から再生《さいせい》させていき、自分で治していこうとする医療《いりょう》です。

たとえば、ケガや事故《じこ》などで脊髄損傷《せきずいそんしょう》を起こした場合、ヒトのiPS細胞《さいぼう》から

「神経《しんけい》のもと」をつくり、移植《いしょく》して神経《しんけい》の再生《さいせい》をうながすのです。この治療《ちりょう》が成功すれば、ケガなどで脊髄損傷《せきずいそんしょう》した患者《かんじゃ》さんが約一〇万人も救われます。

心臓病《しんぞうびょう》の治療《ちりょう》のためには、iPS細胞《さいぼう》からつくった心臓《しんぞう》の筋肉《きんにく》の細胞《さいぼう》をシート状《じょう》に加工し、患者《かんじゃ》さんに移植《いしょく》するという研究も行われています。病気で弱った心臓《しんぞう》の力を回復《かいふく》させることができると考えられています。

デュシェンヌ型筋《きん》ジストロフィー（DMD）は、遺伝子《いでんし》の異常《いじょう》が原因《げんいん》で起こり、筋肉《きんにく》の力が弱くなっていく病気です。この患者《かんじゃ》さんの皮膚《ひふ》からつくったiPS細胞《さいぼう》を筋肉《きんにく》の細胞《さいぼう》にして、病気を再現《さいげん》することに成功しました。現在《げんざい》は、薬などで、筋《きん》肉細胞《にくさいぼう》を再生《さいせい》するための研究をしています。

脳《のう》や神経《しんけい》からの命令を筋肉《きんにく》に伝える運動神経細胞《しんけいさいぼう》が侵《おか》される病があります。徐々《じょじょ》に筋肉《きんにく》が動かしにくくなり、筋力《きんりょく》が低下し、体が動かなくなっていくALS（筋萎《きんい》縮性側索硬化症《しゅくせいそくさくこうかしょう》）です。iPS細胞《さいぼう》をつくる技術《ぎじゅつ》を使って、患者《かんじゃ》さんの神経細胞《しんけいさいぼう》を大量につくり、どんな薬が効《き》くのかを調べています。また、「神経細胞《しんけいさいぼう》のもと」となる細胞《さいぼう》を移植《いしょく》する治療方法《ちりょうほうほう》も研究しています。

また、iPS細胞《さいぼう》から血液《けつえき》をつくり、輸血用《ゆけつよう》の血液《けつえき》をつくる研究もしています。将来《しょうらい》、献血《けんけつ》だけでは、血が足りなくなる可能性《かのうせい》があるからです。

全国で二〇〇〇万人以上の患者《かんじゃ》さんがいるといわれる変形性関節症《へんけいせいかんせつしょう》。さまざまな症状《しょうじょう》をやわらげるたんぱく質《しつ》をヒトiPS細胞《さいぼう》から作製《さくせい》した軟骨細胞《なんこつさいぼう》に加えると症状《しょう》をおさえることができました。

人間にも有効《ゆうこう》と考えられ、今後の薬の開発が待たれます。関節の痛《いた》みをとることができれば、健康寿命《じゅみょう》を延《の》ばすことにもつながります。

ほかにもさまざまな応用《おうよう》が考えられています。

（自分たちの役目は、バテないで走りつづけること。研究者はランナーだ。患者《かんじゃ》さんたちにｉＰＳ細胞《さいぼう》の技術《ぎじゅつ》を使ってもらえるのは、十年先、二十年先になるかもしれない。研究とは駅伝のようにひきついでいくもの。われわれは、患者《かんじゃ》さんに届《とど》けることができる日まで、走りつづけたい）

伸弥《しんや》さんの願いです。

●病におびえることのない世界をめざして

二〇一五年十月二日、ｉＰＳ細胞《さいぼう》を使った世界初の治療《ちりょう》の経過《けいか》についてのニュースが流れました。手術《しゅじゅつ》は、二〇一四年九月十二日に、理化学研究所の高橋政代《たかはしまさよ》プロジェクトリーダーらによって行われました。

患者《かんじゃ》さんは、加齢黄斑変性《かれいおうはんへんせい》の女性《じょせい》です。この病は、見たいものの中心部分がゆがんだり、暗くなったりする目の難病《なんびょう》です。国内でも約六九万人の患者《かんじゃ》さんがいます。

研究グループは、いったいどのような手術《しゅじゅつ》を行ったのでしょうか。

まず、患者《かんじゃ》さん自身の皮膚《ひふ》の細胞《さいぼう》からｉＰＳ細胞《さいぼう》をつくります。そのｉＰＳ細胞《さいぼう》を目の網膜《もうまく》に変えて、移植用《いしょくよう》シートをつくります。目の奥《おく》にある網膜《もうまく》の傷《きず》ついた部分を取り除《のぞ》いたうえで、シートを移植《いしょく》したのです。

今回の手術《しゅじゅつ》での最大の目的は安全性《あんぜんせい》の確認《かくにん》です。手術《しゅじゅつ》から一年がたち、女性《じょせい》はがんや拒絶反応《きょぜつはんのう》などの健康上の異常《いじょう》はなく、安全性《あんぜんせい》は良好だと発表されました。徐々《じょじょ》に見えにくくなっていたのですが、いまでは視力《しりょく》が安定しています。

「見える範囲《はんい》が広がった気がします。治療《ちりょう》を受けてよかったです。感謝《かんしゃ》しています。私《わたし》が治療《ちりょう》を受けることで、同じ病気の若《わか》い世代の患者《かんじゃ》さんのためになればうれしいです」

女性《じょせい》のことばは、喜びにあふれていました。


マウスを使って、世界ではじめてiPS細胞《さいぼう》をつくり、「セル」に論文《ろんぶん》を発表した日から十年がたちました。伸弥さんは、ふりかえります。

「iPS細胞《さいぼう》を使った研究は、この十年間で想像《そうぞう》もできないようなスピードで実用化に向けて進んだ」

そして、未来については、こんな覚悟《かくご》をもっています。

「十年後、iPS細胞《さいぼう》はかなり一般的《いっぱんてき》な治療《ちりょう》に使われているだろう。実際《じっさい》の医療《いりょう》に応用《おうよう》するためには、まだまだ難《むずか》しい問題にぶちあたるにちがいない。だから、体力的、精神的《せいしんてき》にもつらい十年間になるだろうが、これからが勝負のときだ」

さらなる夢《ゆめ》も、もっています。

「iPS細胞《さいぼう》を開発したときと同じような、ときめきをもちたい。新しい科学的な真実を発見したい。時間の制約《せいやく》があるので、なかなか以前のようにはいかないが、虎視眈々《こしたんたん》とねらって、次の研究の準備《じゅんび》をするぞ」

じつは、伸弥《しんや》さんは、現在《げんざい》もグラッドストーン研究所で研究を続けているのです。いよいよ新たな研究に向かって走りだそうとしています。

いつか、だれもが難病《なんびょう》におびえることのない世界を実現《じつげん》することを願って。

エピローグ

　伸弥《しんや》さんは、講演《こうえん》などで若《わか》い人に話す機会があるとき、中国の古い言い伝えに自分の人生をなぞらえます。「人間万事塞翁が馬《じんかんばんじさいおうがうま》」というもので、内容《ないよう》はこうです。

「昔、中国の北に塞《とりで》がありました。塞《とりで》のそばに住んでいた老人の馬がとなりの国に逃《に》げてしまいました。けれど数カ月後、となりの国のいい馬を連れて帰ってきました。その馬に乗った老人の息子が落ちて骨《ほね》を折ってしまいました。しかし、そのおかげで、息子は戦争に行かなくてもよくなり命が助かったのです」

　まったく人生とは、予測《よそく》がつかないものです。いいことだと思っていたことが、悪いことにつながっていたり、悪いことだと思っていると、いいことだったりするのです。いいことと悪いことが両方いっぺんにくることもあります。

仲弥《しんや》さんの人生もそうでした。そのため、一つの枠《わく》にはまらず、自分の可能性《かのうせい》を追求していったのです。あきらめずに可能性《かのうせい》を追求するには、たった一人では難《むずか》しいこともわかりました。研究をめぐって多くの人がかかわり、はげましあうことが成功につながります。現在《げんざい》、京都大学iPS細胞《さいぼう》研究所の所長として、いかに研究者が研究に打ち込《こ》めるかに心をつくしています。

まず、研究者や研究支援員《しえんいん》が安定して長期に働ける場所を確保《かくほ》することが大切だと考えています。現在《げんざい》のやり方では、日本の研究は海外の国々にくらべて遅《おく》れてしまいます。いままでは研究者の個人的《こじんてき》な努力でやってきていましたが、それだけではもう無理になってきているのです。

いまこそ、日本の研究環境《かんきょう》を変えなくてはならないと、仲弥《しんや》さんは訴《うった》えつづけています。そのためには、日本に寄付《きふ》文化を育てることが必要です。京都大学では、「.iPS細胞《さいぼう》研究基金《ききん》」で寄付《きふ》を募《つの》っています。

仲弥《しんや》さんはマラソンに挑戦《ちょうせん》することで寄付《きふ》を集め、研究者たちの働き方の問題を解決《かいけつ》する糸口にしようとしています。

二〇一三年、伸弥《しんや》さんの中学高校時代の柔道部《じゅうどうぶ》の恩師《おんし》が亡《な》くなりました。高校三年生の大会のとき、厳《きび》しくしかってくれた先生です。亡《な》くなる三カ月前に会ったとき、レジリエンス（心の回復力《かいふくりょく》）について教えてくださったそうです。

「つらいことがあったときに、しなやかに順応《じゅんのう》して生き延《の》びる力のことやで」

まるで、伸弥《しんや》さんをはげまそうとでもしているようでした。レジリエンスとは、困難《こんなん》にあったとき、ポキッと折れてしまうのではなく、折れにくい竹のようにやわらかくしなる心をもつことです。海外では三十年以上前から研究されています。

明るく前向きなことばは気持ちを明るくすると、伸弥《しんや》さんは考えています。また、ジョギングなどの運動を生活に取り入れるなど、レジリエンスを高める生活をすることで、困難《こんなん》に負けない回復力《かいふくりょく》をもちつづけているのではないでしょうか。

伸弥《しんや》さんは、研究について、ノーベル賞受賞時の記者会見で次のようなことを語っています。

「野球だと三割《わり》で大打者だが、研究は一割《わり》打者なら大成功。仮説《かせつ》を証明《しょうめい》するための

2012年、iPS細胞《さいぼう》研究基金《ききん》への寄付《きふ》を呼《よ》びかけるために京都マラソンに出場し、4時間29分53秒のタイムで完走した伸弥《しんや》さん

実験は、ほとんど失敗するのが当たり前と考えていい。なぜ失敗したのか。原因《げんいん》を探《さが》してまたチャレンジすることで、科学の新しい扉《とびら》が開かれてきた」

さらに、若《わか》い人たちに対して、こうアドバイスしています。

どんどん試して失敗するのが大切です。むしろ失敗しなければ、成功は手に入らないとさえ言っていい。ｉＰＳ細胞《さいぼう》の開発も、そうやって取り組んできた結果です。

（「ＰＨＰ」二〇一六年十月号）

失敗をしても、心が折れないためには、どうしたらいいのか、伸弥《しんや》さんの生き方は、私《わたし》たちに大きな勇気を与《あた》えてくれています。

〈参考情報《じょうほう》〉iPS細胞《さいぼう》研究所ってどんなところ？

京都大学医学部附属《ふぞく》病院の西にあたる場所に、医学系《けい》の研究所がいくつも立っています。そのなかの一つが京都大学iPS細胞《さいぼう》研究所（CiRA《サイラ》）です。中に入ると、一階に広いギャラリーがあり、パネルや映像《えいぞう》を使ってiPS細胞《さいぼう》研究について紹介《しょうかい》しています。

また、子ども向けのわかりやすい科学の本なども置いてあります。小学生がそこで、熱心に調べものをしていることもあります。平日と土曜日には、だれでも入ることができ、修学《しゅうがく》旅行の高校生なども訪《おとず》れるそうです。機会があれば、ぜひのぞいてみましょう。

ガラス張《ば》りのエレベーターホールからは、いよいよ一般《いっぱん》の人は入れない場所です。エレベーターに乗るのにもIDカードが必要になります。

エレベーターで五階まで上ると、目の前に広い研究室が広がっています。左右に実験台が並《なら》び、奥《おく》には壁《かべ》に向かって机《つくえ》が並《なら》んでいます。研究所の中心になるオープンラボです。

オープンラボは一般的《いっぱんてき》な実験室です。ラボの真ん中にあるらせん階段《かいだん》で四階に続いています。四階と五階は、同じ構造《こうぞう》になっています。オープンラボの西側には、細胞《さいぼう》を扱《あつか》う実験や治療《ちりょう》にも使える高品質《こうひんしつ》な細胞《さいぼう》をつくるための施設《しせつ》（クリーンルーム）があります。

実験動物たちがいる施設《しせつ》もあります。最先端《さいせんたん》の医学研究や応用《おうよう》では、どうしても動物たちが必要です。クリーンな部屋のため、見学はできません。iPS細胞《さいぼう》で人の再生臓器《さいせいぞうき》をつくり、薬や処方《しょほう》の安全性《あんぜんせい》や効果《こうか》を確《たし》かめることにより、動物実験を減《へ》らすことをめざしています。

第二研究棟《けんきゅうとう》は、研究所の北側にあり、廊下《ろうか》でつながっています。現在《げんざい》、第三研究棟《けんきゅうとう》を、研究所の東側に建築中《けんちくちゅう》です。第二、第三研究棟《けんきゅうとう》の広さは研究所の約半分です。

現在《げんざい》、約四五〇名が働いています。研究者はもちろんですが、特許《とっきょ》に関する仕事、さまざまな規制《きせい》に関する仕事、研究について人びとに伝える広報《こうほう》、事務員《じむいん》、技術《ぎじゅつ》員《いん》、研究秘書《ひしょ》などが、目標を達成するために仕事をしています。

●—山中伸弥《やまなかしんや》氏・略歴《りゃくれき》ほか

一九六二（昭和37）年　九月四日、大阪《おおさか》府枚岡《ひらおか》市（現在《げんざい》の東大阪《ひがしおおさか》市）に生まれる。

一九六〇〜七〇年代　イギリスのジョン・ガードン博士が、アフリカツメガエルの卵細胞《らんさいぼう》にオタマジャクシの腸《ちょう》細胞《さいぼう》の核《かく》を移植《いしょく》したところ、卵細胞《らんさいぼう》からオタマジャクシ、さらにカエルを発生させることに成功。

一九六九（昭和44）年　東大阪《ひがしおおさか》市立枚岡《ひらおか》東小学校入学。

一九七二（昭和47）年　奈良《なら》市立青和《せいわ》小学校に転校。

一九七五（昭和50）年　大阪《おおさか》教育大学附属《ふぞく》天王寺中学校入学。

一九七八（昭和53）年　大阪《おおさか》教育大学附属《ふぞく》高等学校天王寺校舎《こうしゃ》入学。

一九八一（昭和56）年　神戸大学医学部入学。
マウスES細胞《さいぼう》（胚性幹細胞《はいせいかんさいぼう》）がイギリスのマーティン・エヴァンズ博士によりつくられる。

一九八七（昭和62）年　大阪《おおさか》市立大学医学部整形外科学教室に入局。

一九八九（平成元）年　大阪《おおさか》市立大学大学院医学研究科で薬理学を専攻。
ノックアウトマウスが、マリオ・カペッキ、マーティン・エヴァンズ、オリヴァー・スミティーズによってつくられる。

一九九三（平成5）年　カリフォルニア大学サンフランシスコ校グラッドストーン研究所に留学《りゅうがく》。

一九九六（平成8）年　大阪《おおさか》市立大学医学部薬理学教室の助手となる。
クローン羊ドリーが、イアン・ウィルマット博士らにより誕生《たんじょう》。

一九九八（平成10）年　ヒトES細胞《さいぼう》がアメリカ・ウィスコンシン大学のジェイムズ・トムソン教授《きょうじゅ》らによって作《さく》

製《せい》される。

一九九九（平成11）年　奈良《なら》先端《せんたん》科学《かがく》技術《ぎじゅつ》大学院大学の助教授《じょきょうじゅ》（現在《げんざい》の准教授《じゅんきょうじゅ》）となる。

二〇〇〇（平成12）年　マウスでＥＳ細胞様細胞作製《さいぼうようさいぼうさくせい》の研究が始まる。

二〇〇四（平成16）年　京都大学再生《さいせい》医科学研究所教授《きょうじゅ》に就任《しゅうにん》。

二〇〇六（平成18）年　マウスｉＰＳ細胞の作製《さくせい》を発表。

二〇〇七（平成19）年　ヒトｉＰＳ細胞の作製《さくせい》を発表。

二〇〇八（平成20）年　京都大学ｉＰＳ細胞《さいぼう》研究センター設立《せつりつ》、センター長に就任《しゅうにん》。

二〇一〇（平成22）年　京都大学ｉＰＳ細胞《さいぼう》研究所設立《せつりつ》、所長に就任《しゅうにん》。

二〇一二（平成24）年　ノーベル生理学・医学賞受賞。

二〇一四（平成26）年　理化学研究所の高橋政代《まさよ》プロジェクトリーダーらにより、はじめて「加齢黄斑変性《かれいおうはんへんせい》」の患《かん》者《じゃ》に対し、ｉＰＳ細胞《さいぼう》から育てた網膜《もうまく》の細胞《さいぼう》が移植《いしょく》された。

●―おもな参考文献《ぶんけん》

『山中伸弥先生に、人生とｉＰＳ細胞について聞いてみた』山中伸弥、聞き手・緑慎也（講談社）
『大発見の思考法』山中伸弥、益川敏英（文春新書）
『生命の未来を変えた男―山中伸弥・ｉＰＳ細胞革命』ＮＨＫスペシャル取材班（文春文庫）
『ｉＰＳ細胞の世界』山中伸弥（日刊工業新聞社）
『ｉＰＳ細胞が医療をここまで変える』山中伸弥監修、京都大学ｉＰＳ細胞研究所（ＰＨＰ新書）
『賢く生きるより辛抱強いバカになれ』稲盛和夫、山中伸弥（朝日新聞出版）
『夢を実現する発想法』山中伸弥、川口淳一郎（致知出版社）
『ありがとう実験動物たち』太田京子（岩崎書店）
『ノックアウトマウスの一生』八神健一（技術評論社）
『レジリエンス入門』内田和俊（ちくまプリマー新書）
『新明解故事ことわざ辞典』三省堂編修所（三省堂）
「月刊ＰＨＰ」二〇一六年十月号（ＰＨＰ研究所）

本書は、取材や各種資料に基づいたノンフィクションですが、文中の会話や発言・イラストなど、一部想像で補っているところ、省略しているところがあります。

PHP心のノンフィクション　発刊のことば

夢や理想に向かってひたむきに努力し大きな成果をつかんだ人々、逆境を乗り越え新しい道を切りひらいた人々……その姿や道程を、事実に基づき生き生きと描く「PHP心のノンフィクション」。若い皆さんに、感動とともに生きるヒントや未来への希望をお届けしたいと願い、このシリーズを刊行します。

著者　上坂和美（うえさか・かずみ）

大阪生まれ。兵庫県伊丹市で育ち、現在は奈良県在住。児童文学作家。日本児童文学者協会会員。京都教育大学卒業。1997年学研読み特賞受賞。著書に、『世界の食生活を変えた奇跡のめん』『コロッケいっぽーん！少女剣士』（学習研究社）、『お料理コンテスト　スパゲッティで大勝利！』（汐文社）、『あったかいね、永遠の学び舎―豊郷小学校物語』（芙蓉会）などがある。

装　　幀＝一瀬錠二（Art of NOISE）
イラスト＝勝部浩明
協　　力＝山本育海
編集協力・DTP＝月岡廣吉郎

折れない心で希望をつなぐ！
iPS細胞《さいぼう》を発見！　山中伸弥《やまなかしんや》物語

2017年2月7日　第1版第1刷発行
2018年10月16日　第1版第3刷発行

著　者　上坂和美
発行者　後藤淳一
発行所　株式会社PHP研究所
東京本部　〒135-8137　江東区豊洲5-6-52
児童書出版部　☎03-3520-9635（編集）
普及部　☎03-3520-9630（販売）
京都本部　〒601-8411　京都市南区西九条北ノ内町11
PHP INTERFACE　https://www.php.co.jp/
印刷所
製本所　図書印刷株式会社

ISBN978-4-569-78619-3

NDC916　151P　22cm